戴尔·卡耐基传

刘德环◎著

时代文艺出版社

图书在版编目（CIP）数据

戴尔·卡耐基传 / 刘德环著 . —长春：时代文艺出版社，2015.12（2023.7重印）
（世界商业名人传记丛书）

ISBN 978-7-5387-4835-2

Ⅰ . ①戴… Ⅱ . ①刘… Ⅲ . ①卡耐基，D.（1888～1955）－传记 Ⅳ . ①K837.125.4

中国版本图书馆CIP数据核字（2015）第210454号

出 品 人　陈　琛
责 任 编 辑　徐　薇
装 帧 设 计　孙　利
排 版 制 作　隋淑凤

戴尔·卡耐基传

刘德环 著

出版发行 / 时代文艺出版社
地址 / 长春市福祉大路5788号　龙腾国际大厦A座15层　邮编 / 130118
总编办 / 0431-81629751　发行部 / 0431-81629755
官方微博 / weibo.com / tlapress　天猫旗舰店 / sdwycbsgf.tmall.com
印刷 / 北京市一鑫印务有限公司
开本 / 710mm×1000mm　1 / 16　字数 / 144千字　印张 / 12
版次 / 2015年12月第1版　印次 / 2023年7月第3次印刷　定价 / 36.00元

目录
Contents

　　一个人在现代社会中，实现自己的愿望，把成功掌握在自己的手中，恐怕是许多人的梦想。当我们想寻找几本成功学的书时，《人性的弱点》和《人性的优点》，是我们一个非常好的选择，当我们想寻找一个人生的导师时，戴尔·卡耐基无疑是最好的选择。

　　戴尔·卡耐基出生在一个贫困的家庭，父亲是一个普通的农民，母亲是一个基督教徒。由于农场经常受灾，父亲每天都怨天尤人；而身为一名基督教徒，母亲则比较坚强，受到父母的影响，戴尔·卡耐基表现得时而悲观，时而勇敢。正是因为经常在这两种矛盾的心态中徘徊、挣扎，他对忧郁有着异常深刻的认识。也因此，他知道该怎样让一个无比忧郁的人变得充满自信，活力四射。

　　通过亲身的体验，戴尔·卡耐基告诉人们，要勇敢地做自己的主人，绝不能让自己内心充满了自卑与挫折感。以积极、乐观的态度前进，在日常交际中，热忱、真诚地与人打交道，我们才能正确面对自己的工作和生活，享受到快乐的人生。

做了演讲师以后，戴尔·卡耐基开始不停地自我磨炼，学习心理学知识，研究人类的心理特点，并结合最有力的事实依据，让无数在痛苦中煎熬的人们浴火重生。他开创和发展了一种包括演讲技巧、为人处世、管理推销等各种社会生活技能为一体的训练方式，帮助学员们走出了忧郁的阴影，重新体会生活的激情。

1929年，美国经历了第一次经济危机，无数人都失业下岗，靠着救济金勉强度日，整个社会都笼罩在阴霾当中。这时的戴尔·卡耐基，尽力拯救被灾难磨灭的心灵，他的精神和思想，成为当时人们走出迷茫和困境的最强支柱。

之后，戴尔·卡耐基出版了很多部非常著名的成功学教材。1931年，《语言的突破》一书收效甚好。之后，其著作《人性的弱点》和《人性的优点》，得到整个世界的认可。许多国家将他的著作翻译成本国语言，作为激励人成功的圣典。《人性的弱点》一书更是以仅次于《圣经》排名第二的销量，证明了戴尔·卡耐基的不凡与睿智。

戴尔·卡耐基的著作与他的课程一样，给千千万万人带来了新生。其中，不乏很多闻名世界的大人物，科学家爱因斯坦、"印度圣雄"甘地、"娱乐大王"迪士尼、"建筑奇才"里维父子、"旅业巨子"希尔顿、美国总统肯尼迪等等，他们都深受卡耐基思想的激励和影响，对卡耐基的著作赞不绝口。

作为一位全球知名人士，戴尔·卡耐基的影响力无疑是巨大的。他创建的课程不仅改变了美国人的工作和生活，也改变了整个世界。迄今为止，卡耐基课程是世界上最有效也是最著名的一套成人教育理论，它为成人教育提供了一系列的操作典范。卡耐基课程的出现，让世界成人教育焕然一新，从中，人们找到了改善自己生活的方法。

戴尔·卡耐基以自己独特的智慧、敏锐的观察以及严谨的态度，在思想和行为上给予万千学员最贴心的指导，学员们在他的安慰和鼓舞中汲取力量，进而改变自己的生活，以全新的姿态迎接美好的人生。

无论是在道德、精神，还是在行为、技巧等方面的教育，卡耐基课程都给人们提供了可靠的理论和事实依据。卡耐基课程里的教学方式、方法所开创成人教育的先河经久不衰，直到今天仍被大部分成人教育机构学习和效仿。

而且，事实证明，卡耐基课程的教学模式，到目前为止仍是世界上最富成效的成功学教育方法。它就像是一个永恒的经典，从来不会过时。当时代的战车开进了全新的21世纪，卡耐基课程不仅没有被时代所抛弃，相反，在竞争愈演愈烈的现代社会，戴尔·卡耐基的思想和洞见愈发实用，它让人们学会如何在这个社会游刃有余地生存。

现在，卡耐基课程依旧风靡世界，卡耐基热从来就没有停止过，仅在欧美地区，就有两千多个卡耐基培训班。即使这样，仍然不能满足人们的参训要求。不管是普通民众，还是天之骄子，都十分推崇戴尔·卡耐基。他的成功学理论和原则，就好像拥有魔力一般。全球有几亿人的生活，都因为他而知道了心迹。对于美国人来说，他和自由女神一样，成为美国的象征，对于世界人民来说，他是人类共有的财富。

第一章 童年的成长

1. 贫苦出身

　　戴尔·卡耐基是一名家喻户晓的人生学导师。然而他的出身很平凡，他只是一个普通的农家子弟。他的童年与许多穷人家的孩子一样，生活非常贫苦。如果说与其他孩子有什么特殊区别的话，那就是从他母亲那里学到的开朗、坚强的性格。

　　一个人的成长过程中，家庭教育起着非常重要的作用，尤其是童年时期的教育。在这个时期，孩子的很多观念都在慢慢形成，或许一句普通的话，一件不起眼的事都会影响孩子的一生。可以说童年时期的教育对孩子产生的影响，要比学校教育更加深远。在学校，我们可以学到知识却学不到智慧，因此家庭环境和父母的性格对孩子的成长至关重要。

　　卡耐基出生在一个贫困的家庭。在他的父母成立家庭的时候，家里就非常穷。卡耐基的父亲詹姆斯·卡耐基是一个地地道道的美国农民，家住密苏里州玛丽维尔，经营着一个小农场。但当时的技术水平非常落后，农场收成一直都不好，再加上美国把发展的重心放在重工业上，这一切都让詹姆斯农场的收益变得更加惨淡。

　　然而詹姆斯是一个有理想、有抱负的年轻人。他不甘心做个普通的农民，一直在努力改变现状。他有一个梦想，就是把自己的农场做大，一直到他成为腰缠万贯的大农场主。虽然是从零开始，他还是毫无怨言地奋斗，因为他对美好生活满怀憧憬。

　　卡耐基的母亲伊丽莎白受过良好的教育，她的家庭环境要比詹姆斯强很多。从两家的家境来看，伊丽莎白是下嫁给了詹姆斯，是爱神之箭，让她爱上了这个农民。在知道詹姆斯的梦想以后，她非常愿意跟随詹姆斯为美好的未来奋斗。

但是，美国是一个资本主义社会，想要从金钱和欲望构成的社会中闯出一片天地，手中一定要有足够的资金做后盾。詹姆斯深深地明白这一点，所以只要能省下来一点钱，他都会仔细地保存起来。

但毕竟只靠节省下来的钱，对于发展农场所需的巨大资金只是杯水车薪，为了改变农场的现状，詹姆斯必须筹集一笔钱。和妻子伊丽莎白商量之后，他开始向亲戚以及周围的朋友借钱。但这些人都认为詹姆斯没有能力还钱，几乎没有人肯借钱给他们。

而詹姆斯的父母也都是穷苦的农民，根本没有钱来支持他。伊丽莎白的父母倒是借了一些钱给他，但也远远没有达到他的需求。最终詹姆斯决定，到银行去贷款。

想要在银行贷款，就一定要有担保人和贷款抵押。在伊丽莎白的请求下，她的父亲同意做詹姆斯的担保人。而詹姆斯唯一拥有的财产就是农场，为了筹集资金，他只好以农场为抵押，从银行贷出了一笔钱。

从银行贷款，无形中也给詹姆斯背上了一个巨大的包袱。因为他的农场抵押给了银行，所以他需要每个月都按时还给银行贷款和利息。

但农场的收益却不是稳定的，遇到风调雨顺的月份，他可以轻松地把钱还给银行，家里的生活也会过得好一点；但是只要发生一些天灾人祸，他就需要把自己辛辛苦苦攒下来的钱还给银行，家里的日子也会过得比较苦。

在与债务的搏斗中，詹姆斯的青春和意志一点点地被吞噬掉。虽然他与伊丽莎白每天都努力地经营农场，但农场的状况却没有太大的改观。詹姆斯的大农场主之梦，也被现实的灾难和失败所磨灭。

随着詹姆斯的激情逐渐消退，农场的经营也变得更加不顺利。就在他垂头丧气的时候，伊丽莎白带给他一个好消息：她怀孕了。

这一消息给了詹姆斯当头一棒，他认识到自己不能这样一直消沉下去。为了即将出生的孩子，詹姆斯重新打起精神，把更多的精力和激情投入到农场中去。这让农场渐渐有了一些改观，但他们的家庭生活还是很贫困。

在伊丽莎白怀孕期间，一直得不到充足的营养，并且每天坚持都在农场里工作。她知道一个人忙不过来，而他们又没有钱雇人。虽然她没有说什么，但詹姆斯非常自责。他恨自己不能好好地照顾妻子，更恨贫穷。

随着产期的临近，伊丽莎白不得不放弃农场的工作，在家里静静地休养。但一个人的精力和能力毕竟是有限的。在伊丽莎白离开之后，农场取得的效益开始明显下降。

生活最艰难的时候，夫妻两个人不得不面对着吃饭的问题。为了让伊丽莎白能多吃上一些有营养的东西，詹姆斯拼命去工作。但是，他的努力并不能换来相应的收益，怀孕的伊丽莎白只能在营养不良之中，一天一天地熬日子。

1888年11月24日，伊丽莎白成功地将一个小生命带到这个世间。听着孩子洪亮的哭声，伊丽莎白和詹姆斯都非常高兴，他们为孩子取名为戴尔·卡耐基。小卡耐基的出生，给詹姆斯带来了更多的人生动力，他渐渐地恢复了一些往日的神采。

2. 父母的影响

然而现实往往是残酷的，小卡耐基出生以后，伊丽莎白需要全心全意地照顾他，完全不能去帮助丈夫经营农场。农场的重担还是一直担在詹姆斯身上，尽管他拼尽全力，农场的收益还是非常少。

到了一些灾害严重的月份，他们一家人甚至连饭都吃不饱。所以童年的卡耐基，因为营养不良，不但个头矮，身体很瘦弱，就连头发也变成灰色。

接连的生活打击，让詹姆斯的意志再次消沉。特别是遇到一些无法控制的自然灾害，在给农场带来沉重打击的同时，也让他的内心一直处于困扰之中。

由于农场的效益不好，导致一家人生活贫困，詹姆斯经常流露出悲观的神色。经常和父亲一起干活的卡耐基，深受这种悲观情绪的影响。在他的整个童年，只要遇到挫折或不顺心的事情，他总是感觉很悲观，一点信心也没有。

1894年的夏季，整个密苏里大平原经历了一场巨大的暴风雨。临近卡耐基家的那条河流冲破了堤坝，一股巨大的洪水冲向了周围的村庄。为了避开洪水，卡耐基一家人都逃到一座小山上，可他们家的农场却被洪水淹没了。

可怜的詹姆斯，穿着一件破旧的衣服，呆呆地站在小山上，眼睁睁地看着自己的农场被大水冲毁。面对无法挽回的悲惨结局，他深深地叹了一口气。

当时卡耐基的年龄还小，不太明白这肆虐的洪水从何而来。但他明白他们农场里的东西都被洪水冲走了。那些父母辛苦培养的庄稼，永远不会回来了。而父亲那一声无奈的叹息，让卡耐基感受到了生活的艰难与辛酸。

一家人生活的希望，因洪水而破灭，詹姆斯做农场主的梦，又一次被无情打破。对于卡耐基一家来说，失去了农场就等于失去了全部收入。大水过后，他们不得不面对更加艰难的生活。

饥饿是首先要解决的问题，为了给一家填饱肚子，詹姆斯不得不硬着头皮，到周围的邻居家中借债。不管是直接借粮食，或者借钱，他都必须让一家人先填饱肚子。有时候，实在借不到粮食或钱，他会抓狂地对着上天大声嚷道："上帝啊！你为什么老是把灾难降临到我身上？到什么时候，我才能从这种困境中走出来？"

这时的卡耐基，总是偷偷地躲在一个墙角边，看着歇斯底里的父亲。悲观的情绪和自卑的性格，逐渐在他的心中生根，这对他后来的学习和生活，都产生了十分不利的负面影响。

除了父亲詹姆斯之外，在卡耐基的童年成长过程中，对他影响最大的就是他的母亲伊丽莎白。农场里的庄稼被洪水冲走后，一家人的生活陷入了前所未有的困境。当詹姆斯十分悲观的时候，伊丽莎白却表现出了前所未有的镇静。

她不仅没有怨天尤人，反而高声地唱着歌，去歌颂上帝。伊丽莎白带着微笑去收拾已经残破不堪的家，她的身影和歌声，传遍了家中的每一个角落。除了唱歌外，她还去安慰难过的詹姆斯和卡耐基。在伊丽莎白的鼓舞下，他们家里逐渐恢复了一些生机。

可谁也没有想到，灾难并没有放过如此穷苦的一家人。他们家里养的几头猪，在洪水过后感染了霍乱，接二连三地死去。这一连串的灾难以及巨大的生活压力，使詹姆斯的精神开始出现一些问题。工作的时候，他变得丢三落四。这种情况以前从来没有发生过。

伊丽莎白发现詹姆斯的问题后，开始不停地鼓励他，告诉他困境只是暂时的，只要努力坚持下去，他们的生活肯定会变得很富有。在伊丽莎白的鼓励之下，悲观的詹姆斯仿佛在黑暗的洞穴里看到了一丝微光，他的精神状况大为改观。

伊丽莎白的坚强和勇敢，对卡耐基产生十分有利的影响。虽然卡耐基年龄还小，但他已经懂得，母亲的安慰使得父亲有足够的信心去继续经营农场，使他们的生活得以继续。

父亲和母亲的日常表现，都在卡耐基的心中留下了深刻的印象。当卡耐基遇到麻烦的时候，总是时而悲观时而勇敢。其实，这是卡耐基的父亲和母亲在遇到同一问题时，所表现出的不同态度。这种矛盾的态度，一直伴随了卡耐基很多年。

3. 信仰的力量

伊丽莎白是一位基督教信徒，她相信上帝是仁慈和充满爱的。所以她在面对困难的时候，总是表现出一种比詹姆斯更加坚毅的性格。她以开朗的心情面对一切，这也让他们这个贫穷的家庭能够在灾难中支撑下去。

这种对上帝的信仰，被伊丽莎白运用在生活中的每个方面，并慢慢地传承给了卡耐基。她总是给卡耐基唱歌，或者讲一些圣经里的故事。卡耐基也很喜欢和母亲在一起，因为母亲带来的都是欢乐和希望，这让他感觉很开心。

伊丽莎白所说的每一句话，所做的每一件事情，都让卡耐基从中学到了许多东西。这为他以后的成功，打下了坚实的基础。

在那段最困难的时期，伊丽莎白最不放心的就是詹姆斯。她知道，自己丈夫的肩膀上承担了太多的压力，她害怕他会因承受不住巨大的压力而寻短见。

所以每当詹姆斯去喂牛或猪的时候，伊丽莎白总是会估算着他回来的时间。如果詹姆斯到了该回来的时间，她就会出门看看他是否已经在回来的路上。如果看不到丈夫，她就会马上跑到谷仓，看看丈夫是否安好。

其实，詹姆斯确实想过寻短见。但每次当他要放弃生命的时候，他脑中都会出现妻子坚定的眼神。在这个眼神的鼓舞下，他一次又一次挺了过来。

有一次，到了银行还款日期，但詹姆斯却没钱还贷款，他去银行请求暂时延期贷款的偿还。伊丽莎白叫来正在外面玩耍的卡耐基，让他陪爸爸去银行。

来到银行，一直负责接待詹姆斯的那名职员面带笑容地迎上来。但当他听詹姆斯说是来办理延期还款时，脸立刻就拉了下来，直接拒绝了詹姆斯的请求。而且还恶狠狠地警告詹姆斯，如果他不能按期还款，银行就会行动起来，把他抵押的农场拍卖掉，以用来偿还贷款。

詹姆斯碰了一鼻子的灰，万分沮丧地从银行出来，带着卡耐基一路漫无目的地走着。不知不觉间来到一个小河边，他直愣愣地看着河水，一股悲伤的感觉从内心升起。站在后面的卡耐基不知道父亲在做什么，还以为父亲是在等人，他也静静地站在后面。

过了许久，詹姆斯才自言自语道："这河里的水，可以畅通无阻。为什么我的生活，却充满阻碍呢？与其这样艰难地活着，还不如死了痛快。"

当时的卡耐基，还不能理解绝望的意思，更不明白自杀是怎么一回事。等卡耐基长大以后，父亲曾经亲口告诉过他，如果不是因为母亲的坚定支持，或者当天卡耐基不在他身后，可能他在那一天就投河自尽了。

詹姆斯在心理上承受住了巨大的压力，身体状况也变得越来越差。面对银行的催促，为了能够尽快偿还债务，詹姆斯更加拼命地工作。可没过多久，因为长时间以来积累的心理压力以及最近的超负荷工作，他终于累垮了。

一开始，詹姆斯感觉有点头晕，他没有放在心上。几天以后，他发现手脚都开始变得不听使唤，而他也吃不下去任何东西。伊丽莎白非常担心，她带着卡耐基陪詹姆斯来医院检查。没想到，他们却得到了一个令人绝望的结果。

医生告诉他们，可能是因为精神压力过大或过于劳累所致，詹姆斯的很多神经都处于瘫痪的边缘。即使好好治疗，他最多也只能活半年的时间。

当伊丽莎白听到医生的检查结果时，大脑顿时变得一片空白，一串串的泪珠顺着她的眼角和脸颊流了下来。年幼的卡耐基，第一次看到母亲流泪的样子，他也变得难过极了。他不敢再去看母亲，独自一人跑到屋外哭了起来。

没过多久，卡耐基听到了熟悉的歌声，那歌声是他母亲唱的圣歌。伊丽莎白告诉詹姆斯，一定不要放弃活着的希望。回去之后，她勇敢地承担起了家里所有的重任。一边努力经营农场，一边悉心照料詹姆斯。

在詹姆斯得病卧床后，伊丽莎白表现得更加坚强。她不断用自己的关爱，去温暖丈夫接近崩溃的心灵。六个月的期限越来越近，在经过这段漫长的煎熬之后，詹姆斯竟然活了下来。当他笔直地站在医生面前时，医生感到万分惊讶。

正是母亲的这种信仰，给他们的家庭带来了重新站起来的勇气。这种信仰，在卡耐基的心中，也占据着越来越重要的位置。

据卡耐基所说，他在进行演讲的时候，每次遇到巨大的挫折和困难，他都会想起母亲的歌声，想起母亲的信仰，想起母亲面对困境时，所表现出来的坚强和勇敢。

4. 淘气的孩子

不知不觉间，卡耐基已经到了上学的年龄，父亲带他来到村里唯一的学校。学校的名字叫玫瑰园，距卡耐基家的农场约有一公里远。学校又破又小，只有一间教室和三位老师，卡耐基的小学时光就是在这里度过的。

在卡耐基的记忆里，感受最深的季节就是冬天。每到冬天来临，他们家都会节衣缩食地过日子。而卡耐基连一双厚棉鞋都没有，每天穿着一双单布鞋去学校，双脚总是又冷又湿。身上的衣服也很单薄，每次强劲的西北风吹过，都会感觉到一阵刺骨的寒冷。

卡耐基曾经谈起过这段上小学的经历，他说："上小学时最怕的就是下雪，寒风伴着雪片吹到身上真是透骨地冷。后来为了不让雪片吹到我的脸上，我就背着风，倒着往学校走，结果被一块冻硬的砖头绊倒了，磕破了手臂……"

除了穿衣外，家里吃的也很差。每天早上起来只有半个烤地瓜，中午两个黑面包。到了晚上，母亲才会给他做点素菜。由于营养不良，小时候的卡耐基长得非常瘦弱，头发也不是一般美国人的那种金色，淡黄中透着一点灰黑，一双耳朵长得很大，看上去有点畸形。

可以想象，像卡耐基这样贫穷和其貌不扬的小男孩是不会被大家关注的。然而事实并非如此，学校里所有人都对他印象深刻，这可不是因为他成绩太突出，而是因为他太淘气了。他的恶作剧总是花样百出，让老师感到非常头疼。

有一年冬天，卡耐基在上学的路上捡到一只死兔子，他提着这只兔子进了玫瑰园。在玫瑰园里，卡耐基找来一个圆形铝桶，把兔子放在铝桶里。然后他带着这个铝桶偷偷地溜到教室后面的火炉旁，趁大家都不注意的时候，他把铝桶放在了火炉上。

刚好那一天老师讲授的是语言修辞学。当那位年老的教师讲到，语言修辞十分重要，人们可以从生动的描述中看到形状，甚至闻出味道时，突然，一股刺鼻的烤肉味弥漫了整个教室。

老教师慌忙四处寻找，这时，卡耐基站了起来，他面带微笑地说："老师，我知道这股烤肉味是从哪里来的。"

"是吗，那你快告诉我，这气味真呛人。"老教师紧捂着鼻子说道。

"那我说了，说完您可不能惩罚我。"

"好好，你快说。"

"在我们书本里的第51页，那上面写着：卖火柴的小女孩梦到了烤鹅。我想，这本书的修辞用得太好了，这烤肉味一定是从书里面传出来的。"

"住嘴，你这个捣蛋鬼，你，你……"老教师气得脸色发白。

……

多年以后，成功的卡耐基回到玫瑰园做演讲时，老教师还清楚地记得他的那次恶作剧。老教师说："本来我想要学校开除这个小捣蛋鬼，但后来他诚恳地承认错误才让我改变了主意。"

除了那次烤兔子的恶作剧外，卡耐基的童年还有很多顽皮的事迹。

卡耐基居住的密苏里州经常会出现一些风沙、暴风雨的天气，有时候还会引发洪水。对生活在这里的普通农民来说，这显然是一件非常不幸的事。恶劣的天气不仅妨碍他们工作，甚至会把他们半年的劳动成果全部摧毁。

小时候的卡耐基偶尔也会讨厌这种天气，但大多数时候他很高兴。因为一遇到这样的日子，学校就会放假，他就可以和小伙伴们到村镇的小木屋里玩耍。

距离卡耐基家不远处有一间破旧的小木屋，据说以前是一个老木匠的住所。老木匠去世后，这间木屋就空了起来。老木匠生前为人特别和善，村里人都很怀念他，所以一直没有把这间木屋拆掉。

木屋里有一些残存的小木块和小木条，这些都是卡耐基和小伙伴们最喜欢的玩具。然而正是这间小木屋，也给淘气的卡耐基留下了一个疼痛的回忆：他的左手少了一根手指。

一年夏天，暴风雨席卷了整个密苏里平原，大雨把玫瑰园的那间教室冲坏了。他们又得到了几天的假期，于是又聚在了那间小木屋。

四个人在一起比谁的胆子大，他们约定，谁敢第一个从屋顶上跳下去，谁的胆子就最大，以后其他人都得听他的话。卡耐基是第一个尝试的，只见他双手抓着房檐，脚踩在窗台上，在那里犹豫着。

伙伴们都大声喊："跳啊，快跳啊！"这时卡耐基一咬牙，跳了下去。在跳下去的一瞬间，他感觉自己的左手食指一阵剧痛，之后整个左手都麻木了。原来，卡耐基左手戴了一枚戒指，戒指被一个铁钉钩住了。

他跳到地面上的时候，手指已经被戒指切掉了，鲜血不停地往外冒。三个小伙伴都吓傻了，他们慌忙扶着卡耐基回家。因为及时止血，没过多久伤口就好了，但从此卡耐基的左手少了一根手指。

5. 开阔眼界

1900年，卡耐基的父亲认为他们需要一种全新的生活，他换了一个新农场，一家搬到了曼哈尼教堂的附近。卡耐基的母亲很高兴，新家距离教堂比较近，她以后去教堂就很方便了。但是，现实总是残酷的，他们搬到这里以后，并没有为家里的生活带来多少改观，日子过得依然很艰难。

这时的卡耐基已经12岁了，除了上学以外，他也开始在农场里帮忙了。每天放学后，他需要急匆匆地赶回家里做杂务：挤牛奶、剪树枝、喂猪……只有把这些工作做完，他才能开始写老师留下的作业。虽然活很多，但卡耐基从来没有抱怨过，他知道家人的不易，能为这个家出点力，他也很高兴。

父亲很满意他的表现。看着儿子一天天长大，父亲决定带他到城里开开眼界。他们坐着一辆运木头的马车，来到了附近的一个小城镇——玛丽维尔。几乎从来没出过村庄的卡耐基，一进玛丽维尔就彻底惊呆了。他目不转睛地盯着从来也没有见过的楼房和汽车，脸上写满了惊奇与羡慕。

从马车上下来以后，父亲看着兴奋不已的卡耐基，从兜里掏出十美分放在他的手里，让他去买点自己喜欢的东西。卡耐基一下子变得不知所措，这是他第一次拿到零花钱，他以为自己在做梦。直到父亲再一次告诉他，这10美分是送给他的，他才确信自己不是在做白日梦，赶紧把这10美分揣到怀里。

来玛丽维尔转了一圈后，卡耐基的脑中形成了对城市的最初印象。也让他明白，世界上有另外的不同于家乡的地方，与他们的生活环境截然不同，这个地方是繁华而富裕的。这让12岁的卡耐基对未来的生活充满了憧憬与好奇。他梦想着自己长大以后，也能生活在城市里，不用再为吃饭穿衣而发愁。

卡耐基13岁那一年，他的父亲有一桩猪肉生意，要去圣约瑟市找一个屠夫。在卡耐基的请求下，父亲带着他一起来到圣约瑟市。圣约瑟市并不是一个特别大的城市，但比起玛丽维尔镇，它就显得宏伟多了。

当时的圣约瑟市约有六万人口，城市的规模是玛丽维尔镇的十几倍，市里到处都是六层的楼房。在卡耐基的眼里，这已经算是高楼大厦了。看着那一栋栋的楼房，卡耐基的心中生出无限喜悦。过了一会，他却开始担心起来。住的地方那么高，如果一不小心从楼上摔下来，那一定很要命。

后来，卡耐基实在想不通了，他问父亲："爸爸，这些人住在那么高的房子里，他们都不怕掉下来吗？"父亲听了不由得哈哈大笑起来，他对卡耐基说："不用担心，楼房都有护栏，像你这种小孩子想翻过去都很难，别说不小心掉下来了。"

卡耐基的父亲把生意做完后，开始带着卡耐基在圣约瑟市里逛街。看着各种好吃好玩的东西，卡耐基更加向往城市里的生活。坐火车回家的路上，他告诉父亲，自己长大后一定要在城市里生活，并把全家人都接到城市里来。

在卡耐基13岁的时候，是他人生中最不平凡的一年。除了到圣约瑟市去观看一番之外，还有一件事情，对他的影响非常大，就是他遇到了一位好老师。

一天，卡耐基家里来了一位大胡子老师，他的名字叫作尼克拉斯·梭得。在卡耐基眼里，尼克拉斯老师是一位知识渊博的人。他不仅教给卡耐基课本上的基础知识，还总给卡耐基讲一些外面世界的趣事。有时候，他还会带一些新奇的东西给卡耐基看。

有一次，卡耐基从学校回到家，在经过尼克拉斯的房间时，他听到一阵奇怪的声音。好奇的卡耐基把耳朵凑近了，仔细地听着，房间里不时地发出"嗒——嗒——嗒——"的声响。卡耐基很想知道是什么东西在响，他轻轻推开尼克拉斯的房门。进入房间之后，他看见尼克拉斯正坐在一台机器面前，不停地用手指去敲击。每敲一下，机器上面的屏幕就会出现一个字。屏幕上的字，就跟书本上印的字一样，十分整齐。

看到迷惑的卡耐基，尼克拉斯告诉他，这是打字机。只要手指敲击键盘上的字母，屏幕上就会出现你刚才敲的字母。尼克拉斯还微笑着让卡耐基把手指伸出来，在键盘上轻轻地敲了一下，果然，屏幕上出现了他刚才敲击的那个字母。

敲击键盘之后，卡耐基迅速地把手指从键盘上缩了回来。他担心地看着这个手指，然后用另一只手摸了摸刚才敲键盘的手指，又用力捏了捏，手指都很正常。他才确信自己没有超能力，都是这台神奇的打字机让一切变成了现实。

卡耐基笑着对尼克拉斯说："老师，您这个东西，真是太神奇了。您能不能送我一个啊？"说着，他把双手伸了出来，怜爱地摸着打字机。

虽然尼克拉斯跟卡耐基相处的时间不长，但是他告诉卡耐基许多新的事物和思想。像"直觉"和"心理学"等一些新的名词，都是他教给卡耐基的。卡耐基曾说，他在尼克拉斯老师的教育下，学会从新的角度看待问题，这让他收获颇丰。

6. 从贫困到忧郁

有了对城市生活的向往，卡耐基开始对自己这种贫困落后的生活产生了排斥，他不想再在偏远的农村，过着贫困的生活。然而，现实就是现实。虽然卡耐基喜欢上了大城市，但穷苦的家境决定了他只能过着乡下人的生活。

想要改变自己的人生，他必须接受良好的教育。从那一刻起，卡耐基在学校里再也不调皮捣蛋了，他开始好好学习，认真听讲。卡耐基的老师都很奇怪，是什么事情让卡耐基发生了如此巨大的改变。在卡耐基开始好好学习的同时，他也开始承受家里越来越重的劳动。

当时，卡耐基的父亲一直在探索着农场的致富之路，后来他选择了一种美国西部的特种猪。饲养这种猪确实能挣钱，但饲养起来却非常麻烦，特别是在母猪生产的时候。每年母猪都是在二月份生产，密苏里州的天气还非常寒冷，为了避免新生的猪崽被冻坏，卡耐基的父亲用篮子把这些猪崽装起来，放在厨房火炉的旁边。于是，卡耐基晚上又多了一个任务：带着猪崽去吃奶。

卡耐基清楚地记得这段经历：每天晚上睡觉前，他都需要把装猪崽的篮子从火炉旁抱到猪圈里，让这群小猪崽在母猪身边吃奶。之后他再把它们全都装到篮子里，把篮子抱到火炉的旁边。但这并没有结束，因为半夜猪崽还需要喂一次奶。闹钟每天凌晨三点会准时把卡耐基叫醒，无论他有多困，外面有多冷，他都需要送猪崽去吃奶。

有一次，凌晨三点的闹钟响后，困倦的卡耐基为了节省时间，只穿了一个裤衩就去给小猪喂奶，结果差点冻个半死。回来后就患了伤寒病，在床上躺了一个星期。

上中学以后，卡耐基也和其他青春期的孩子一样，到了爱美的年龄。但贫穷的家庭没有能力为他买任何漂亮的衣服，他身上永远穿着一件破夹克，与生活在城里的那些衣着艳丽的同学相比，他非常自卑。不仅如此，城里也有一些调皮的孩子，看到卡耐基穿得很寒酸，就过来欺负他。

有一回上数学课，老师在黑板上出了几道题让卡耐基上台解答。当卡耐基走到讲台上的时候，教室里的学生们开始哄堂大笑。卡耐基也不知道怎么回事，呆呆地站在讲台上。在老师的示意下，他尴尬地回到了自己的座位。

等到下课后，卡耐基才知道同学们为什么会哄堂大笑，原来是坐在他身后的迈克捉弄他。迈克是班里有名的捣蛋鬼，那天迈克在卡耐基身穿的夹克上粘了一朵玫瑰花，下面还贴了一个纸条，纸条上写着："亲爱的瑞得·杰克先生，虽然你又旧又破，但我依然爱着你。"

英文中的"瑞得·杰克"和"破夹克"是谐音词，受到这样的捉弄，卡耐基难以忍受，回家以后，他悲伤地告诉母亲，自己不想上学了。"出什么事了？好端端的，你怎么会不想上学了呢？"母亲吃惊地问道。"同学们老是嘲笑我穿着一身破衣服，今天上课的时候，他们还狠狠地捉弄了我一次。"卡耐基委屈地回答。

母亲静静地看着卡耐基，等他的心情稍微平静一些后，才缓缓地教育他："孩子，别再伤心了，明天我就去给你买一套新衣服。"顿了顿，她又接着说："在学校里的时候，你应该多发挥你的特长，这样同学们就会慢慢尊重你……"在母亲的谆谆教导下，卡耐基也觉得自己不能不上学，因为只有上学，他才有机会住进大城市里。

随着年龄的增长，卡耐基开始对懵懂的爱情抱有一些幻想。这一时期，很多同学都给同龄的女孩写过情书。但卡耐基因为家里贫穷，在面对女孩子的时候，会变得非常自卑。因为他给女孩子买个小礼物都做不到，他极少得到零花钱。越是这样想，他就越自卑，慢慢地他的性格里多了一份忧郁。

后来卡耐基的这种忧郁也变得越来越严重，每当他跟女孩子打招呼的时候，都担心自己的动作会不会很笨拙，会不会被女孩子嘲笑。其实，卡耐基的这些担心都是庸人自扰，是自我折磨。

没过多久，卡耐基细心的母亲发现了孩子的不正常，她开始为卡耐基加油打气。在母亲不停地鼓励下，卡耐基终于慢慢地恢复了正常。他逐渐发现，自己还是挺受女孩子欢迎的，甚至有一个女孩儿愿意与他交往。但这时的卡耐基已经开始为考大学做准备了，他又把所有的心思全部用在了学习上。

从贫困到忧郁，从忧郁再到自信，卡耐基走过了一段漫长的路，他迷失过也自卑过，但是这一切都不是问题，因为每个人的成长都会遇到这些事情。关键是我们要通过自己的努力，克服遇到的困难，渐渐地走向成熟与成功。

第二章 求学与恋爱

1. 涉足演讲

　　1904年，卡耐基顺利地考上了位于密苏里州的一所大学——瓦伦斯堡州立师范学院。这本来是一件喜事，但他因负担不起市里的生活费用而发愁。卡耐基的父母商议之后，决定再次搬家，他们把原来的农场卖了，在师范学院附近租了一个新农场。这样卡耐基就可以每天在家里吃住，不用再担心生活费了，而且他还可以继续在农场帮忙。

　　进入师范学院以后，卡耐基逐渐努力改变自己的命运。除了日常的学习之外，他积极参加学校举办的各种活动，因为这些活动可以很好地磨炼自己。正是在这一时期，卡耐基接触了演讲活动，为他以后的成功打下了基础。

　　瓦伦斯堡州立师范学院在培养学生的时候，特别重视他们的辩论和演讲能力。为了鼓励学生们演讲，学院还经常举办一些演讲比赛，这些比赛通常都会吸引许多学生参加。而只要是在演讲比赛上取得好成绩的人，很快就会在学院出名，得到老师的表扬和同学的尊敬。

　　原本卡耐基是一个不太擅长演讲的人，但在学院老师的鼓励下，也为了让自己能够成为牧师、教师或者传教士，他开始不断地做演讲练习。卡耐基希望，有一天自己能在演讲方面取得成果。

　　其实卡耐基也想参加演讲比赛，但每次照镜子时，他看着身上破旧的衣服以及自己瘦弱的样子，就会变得信心全无。而且他害怕自己会失败，只要失败，同学们一定会嘲笑自己，说不定还会像中学一样有人会捉弄自己。

但一想到家中的现实，卡耐基就慢慢坚定了自己参加比赛的决心。他真的不想再像父亲那样生活，天天劳累，却只能得到很少的回报。他的梦想是在大城市里安家，所以他要勇敢地面对挑战。

在师范学院，一个学生要想参加演讲比赛，就要先参加一个演讲社区。只有在社区中获得演讲社区比赛第一名，才有资格去参加学院组织的演讲比赛。经过一番思想斗争，卡耐基在一个演讲社区里报了名。

在决定去参加演讲比赛之后，卡耐基更加努力地去练习演讲。他的刻苦和勤奋，受到许多老师和同学的赞扬，但是这并不代表他就一定能成为一个优秀的演说家。参加社区比赛后，卡耐基发现自己的演讲一点感染力都没有，台下甚至有学生不耐烦地催促他赶快下去。他参加的第一次演讲比赛失败了。

但卡耐基并没有沮丧，他认为主要原因是第一次演讲有点怯场，所以发挥失常，等自己熟练以后就好了。然而令他没有想到的是，在接下来参加的11次演讲比赛里，他全以失败告终。这一次，他的自尊心和自信心都受到了极大的打击，他甚至对演讲彻底绝望了。而很多老师和同学也认为，他不适合做演讲。

但是，当卡耐基把这件事告诉母亲时，母亲却支持他继续坚持下去，母亲对他说："孩子你要记住，没有天生的演讲家，他们都是从无数次的失败中走出来的。我想你不是不适合做演讲家，只是有些地方还没悟透。但你能坚持下去的话，一定会取得成功。而且我们不能惧怕失败，从什么地方跌倒，就要从什么地方爬起来。"

听了母亲的教诲，卡耐基又重新拾起了自信。他仔细琢磨为什么会失败，既不是演讲稿写得不够好，也不是自己太紧张。那么原因一定是出在自己的动作和表情上，可能是表现得不够自然、不够生动，所以不能吸引听众。

为了能提高演讲水平，卡耐基每天都来到自己家附近的一条小河旁独自练习。他一边来回走着，一边背诵着演讲稿，还时不时地做出一些奇怪的动作，并配以合适的表情。很多从小河边经过的人，都以为他是一个精神失常的人。

有一次，卡耐基在河边练习演讲。他对着小河激情澎湃地说着演讲词，时而还做一些挥手示意等各种配合演讲稿的动作。这时，一位去田里干活的农民看见了，还以为卡耐基是一个精神病患者。于是，农民赶紧给警察打了电话，说这里有一个人，在河边疯疯癫癫、胡言乱语。警察来到小河边询问过卡耐基之后才明白，原来他是师范学院的一个学生，正在练习演讲稿子。不管是警察还是农民，都被这个年轻人的奋斗精神打动。他们鼓励了卡耐基几句后离开了河边。

有付出就会有回报，卡耐基通过不懈的坚持，终于在1906年的演讲赛上获得了成功。他自己写稿，以"童年的记忆"为题获得了演讲第一名。卡耐基获奖之后，他向听众诉说自己的经历。当大家得知他是在失败了12次之后，才获得了成功，都对他坚强的意志表示赞叹。还有些学生找到卡耐基，要求他指导自己，如何能在演讲中取得成功。

卡耐基这一次成功对他来说意义非常重大，不仅给他带来了自信和荣誉，更为他以后的演讲事业做了一个完美的铺垫。

2. 初恋

在师范学院上学期间，卡耐基还谈过一次恋爱。但这一次恋爱留给他的不是美好的回忆，而是一种深深的羞耻感。

进入师范学院没多久，卡耐基就爱上了一位美丽的姑娘，她的名字叫贝西。贝西是典型的美国西部女孩，身材稍显丰满，有一头漂亮的金发，一双明亮的大眼睛，笑起来很是妩媚。

在看见贝西的第一眼，卡耐基就被她深深地迷住了。而贝西似乎对他也有一定的好感，每次上学碰到他的时候，贝西都会主动打招呼，两人的感情一点点地萌生。

而他们感情的真正产生是在卡耐基获得演讲比赛成功之后，卡耐基的第13次演讲比赛，最后一个对手就是贝西。比赛结束的时候，贝西走过去拥抱了卡耐基，她很佩服卡耐基的演讲能力，而在听说卡耐基已经经历了12次失败，仍坚持参加比赛时，她内心不由得升起一股敬爱之情。

在当天的庆祝宴会上，贝西送给了卡耐基一大束鲜花，鲜花下还夹了一张卡片，上面写着："亲爱的卡耐基，恭喜你终于取得了成功。"

得到鲜花的卡耐基突然就愣在了那里，他紧紧地盯着贝西，觉得自己已经深深地陷入了爱河。在接下来的几天，他满脑子都是贝西美丽的身影，无论是吃饭还是睡觉，只要一闭上眼睛，脑中就会闪现出贝西的形象。

"贝西会爱我吗？"卡耐基不停地在思考这个问题。当时他还非常羞怯，虽然很喜欢贝西，但他一直不敢向贝西表白。虽然卡耐基的演讲能力在整个学院都属于佼佼者，但他每次一面对贝西，就一个词语也想不起来，只会傻傻地微笑一下。

大概过了一个月，卡耐基认为一直这么拖下去也不是办法，于是决定送礼物给贝西，同时告诉贝西自己爱她。卡耐基记得家里有个精致的梳妆盒，他见母亲也不怎么用，就准备把它作为礼物送给贝西。

把梳妆盒包装好以后，卡耐基带着它来到女生宿舍楼下，焦急地等待着贝西出现。

一会儿，贝西从宿舍楼出来，看到了卡耐基后，贝西像平时一样给他打了个招呼。这时，卡耐基有些局促地走到贝西面前，红着脸说："贝西，我想送你一件礼物，然后……然后……想邀请你周日一起出去游玩。"

贝西满脸不解，她说："今天又不是什么节日，你干吗要送给我礼物呢？"

"啊！"卡耐基呆了一下，然后结结巴巴地说："因为……那个……也没什么，你先收下吧。"说完他把梳妆盒塞到贝西手中，迅速跑开了。还没有等贝西答应他的约会，卡耐基已经跑出很远了。在贝西面前，他本来就不能控制自己的感情，更何况这次是邀请她，他实在无法抑制自己激动的心情。

贝西完全没有明白是怎么回事，她看着惊慌失措的卡耐基逃离了自己的视线后，抱着卡耐基送给她的礼物回到宿舍。来到宿舍，她小心地打开卡耐基的礼物，里面是一个漂亮的梳妆盒。在梳妆盒下面放着一张小纸条，纸条上写着："亲爱的贝西，我深深地爱上了一个女孩儿，当你打开梳妆盒时，就会看到她美丽的脸庞。"

突然接到卡耐基的爱情表白，贝西吃了一惊，手没有拿稳梳妆盒，结果梳妆盒掉在了地上，里面的镜子摔了个粉碎。想不到的是，碎玻璃片里又飘出来一张纸条，上面写着："孩子，你应该不会拿我的梳妆盒去赌吧！"

原来，卡耐基在上中学的时候，有一段时间迷上了赌博。母亲为了劝诫他，在很多小家具上都写了类似的纸条，这也是一种宗教式的劝诫方法。

看着这张纸条，贝西心中刚刚燃起的爱情火苗一下就熄灭了，眼中掠过了一丝失望。她万万没有想到，卡耐基是一个赌徒。而卡耐基慌忙地跑回家后，把自己送梳妆盒的事告诉了母亲。母亲并没有生气，因为她知道儿子也是出于无奈，谁叫他们家连买礼物的钱都没有呢？

到了周日上午，卡耐基怀着忐忑的心情在校门口等待着。他不知道贝西会不会来，也不知道贝西是否愿意和自己在一起。

过了一刻钟，贝西坐着一辆汽车来到校门口。看到贝西，卡耐基的心跳又开始加速了。可很快他就发现有点不对劲，因为贝西看上去一点也不高兴。正在他疑惑的时候，贝西走到他面前说："卡耐基，我想对你说，你的演讲才华深深吸引了我。但是，无论如何，我也不能爱上一个赌徒，这些东西还给你。"说完她把梳妆盒与纸条都还给卡耐基，转身走了。

卡耐基怎么也没有想到会是这个结果，他呆呆地抱着梳妆盒，盯着贝西走远的背影，一时间内心像打翻了的五味瓶。

回去之后，卡耐基看到母亲的纸条才明白怎么回事，他想要给贝西解释，但她已经完全不理他了。卡耐基的第一段感情，就这样戏剧般地结束了。而卡耐基也被这一段感情所伤，大学里再也没有追求过别的女孩子。

3. 第一份工作

一心扑在学业和演讲上的卡耐基，本想在毕业以后去做一名教师。但后来他听一个同学说，做推销员非常挣钱。为了能尽早脱离贫困，实现自己住在大城市的梦想，卡耐基在毕业以后，果断选择了推销员这个行业。

走出校门以后，卡耐基去应聘自己的第一份工作。他怀着紧张的心情，来到密苏里州一家课程销售公司，参加公司主管约翰·艾兰奇的面试。

身材瘦弱的卡耐基拘束地站在办公室里，等待着约翰的提问。约翰仔细打量了一下这个年轻人，根据他的经验，卡耐基应该不是一个做推销员的好材料。所以，约翰只是例行公事地提问了一些基本的问题，卡耐基回答完之后，约翰又随口问了一句"你有没有工作经验？"

"我以前从来没有做过推销员，但我相信，只要肯努力，我将来一定能够成为优秀的推销员。"卡耐基回答。

或许是被这个年轻人的激情感动，约翰接着问："那么，年轻人你能告诉我，推销的目的是什么？"

"我觉得推销的目的就是让需要产品的人，了解我们产品的优点，然后想办法使他们买我们的产品。"卡耐基平静地回答。

"那你应该如何开始跟需要产品的人交谈呢？"

"我会先和他们谈论，今天的天气特别好，或者说祝您生意兴隆之类的话，以取得他们对我的好感。"

"年轻人，你怎样才能把打字机卖给乡下的农场主呢？"

"对不起先生，我无法做到将打字机卖给乡下的农场主。因为我觉得他们根本不需要打字机。"卡耐基看着约翰的眼睛，有点不安地回答。

听完卡耐基的回答，约翰主管兴奋地站了起来。他走到卡耐基的面前，用手轻轻拍拍这个年轻人的肩膀，高兴地说："亲爱的卡耐基先生，你十分优秀。恭喜你，通过了这一次的面试，你将获得在这里工作的资格。"卡耐基惊奇地站在那里，他不敢相信自己第一次面试就通过了。

看着卡耐基欢喜不已的样子，约翰接着说："年轻人，你说得很对，没有人愿意花钱去购买自己根本不需要的东西。所以我们一定要选好自己的目标，这样才能事半功倍。我相信只要你好好干，将来肯定会成为一个优秀的推销员。"

卡耐基是幸运的，因为对于很多学生来说，毕业就意味着失业。而他刚从学校里出来，就找到了一份工作。虽然他的工作工资也不是很高，但与他的父亲相比，已经要好很多倍了。

正式开始工作以后，卡耐基投入了极大的热情，他每天都挨家挨户地上门推销公司的《安全与心态教育》课程。然而现实是残酷的，卡耐基遭到了一次又一次的拒绝，一周时间过去了，他一套教学课程都没有推销出去。

失败并没有打消卡耐基的热情，这和他在学校演讲时的失败相比，根本算不得什么。他一直在思考怎样把销售技巧运用到实践中，然后把课程卖出去。

一天早上，卡耐基在路上走，一把钳子掉在了他身旁。他抬头一看，原来是一个电工正在电线杆上工作，一不小心把钳子掉在了地上。卡耐基把钳子捡起来，用力向上一抛说："先生，给您钳子。"

"谢谢你！年轻人。"电工接过钳子笑着回道。

卡耐基看到这是一个好机会，他开始跟电工交谈。

"您的工作，危险系数很高啊！"

"是啊！不光危险，而且很累啊！"

"我有一个电工朋友，他工作起来不危险也不累。"卡耐基机智地说。

"不危险也不累？"电工疑惑地问。

"是的！他以前也感觉很危险很累，但是最近一段时间，他去学习了一个课程之后，工作越来越顺手了。"

……

就这样电工在卡耐基的引导下，买了卡耐基的一套课程。而卡耐基高兴地找到约翰主管，拿到了他人生的第一笔推销提成。约翰笑着夸奖他，说："干得不错！小伙子。"卡耐基看着约翰，又看看手中的提成，回想起自己这几天付出的热情和努力，他总觉得这一切似乎都不太值得。或许是因为卡耐基对自己的期望太高，才让他产生了这种想法。

又过了一个月，业务逐渐熟练的卡耐基卖出了很多套课程。但拥有远大理想的卡耐基，远远不满足于这一点成就。他甚至觉得，自己在这个公司没有多大的前途，继续留在这里工作，只会把自己束缚在一个很窄小的范围里。在这里只是单纯地做工作，而不能学习到更多的东西。时间越久，这个想法越强烈，最终卡耐基决定：离开销售公司，另谋出路。

离开公司之后，卡耐基再一次陷入了迷茫之中。不管是老师，还是销售员，都不是自己想要的职业。如果自己不去做这些事情，那要去做什么呢？

4. 演员梦

辞去工作以后，卡耐基开始不停地在街上寻找新的工作。一天，卡耐基在一个剧院门口停了下来，这几天找工作的历程让他感觉有点烦躁，想听一场戏来舒缓心情。剧场的演出开始后，看着台上演员的生动表演，卡耐基深深地被打动了，他瞬间产生了一个想法：自己要做一名戏剧演员。

但要做戏剧演员，必须还要进入艺术学校里学习。经过一番咨询，卡耐基得知想要学习艺术最好去纽约，那里有很多著名的艺术学校和团体。他回家和母亲商议后，母亲支持他去学习艺术。于是，卡耐基带着所有钱财前往纽约。

第一次到纽约，对于卡耐基来说，这里的一切都十分陌生。几经打听，他才找到了纽约最好的艺术学校——美国戏剧艺术学院。成立于1886年的美国戏剧艺术学院，是一所十分有名的艺术学院，它培养出了很多有名的艺术大师。如果卡耐基有机会进入到这样的学院学习，是一件让他终身受益的事。

想要进入美国戏剧艺术学院，必须要通过学院的考试，卡耐基报名参加了入校考试。卡耐基的考官是富兰克林·沙尔特。富兰克林是一位典型的行动派教授，他很喜欢用行动来表现艺术。考试开始后，富兰克林给卡耐基出了一道考题，让他模仿一把椅子的形状。

看着面前的考官，卡耐基内心不由得紧张起来，他用力地压制自己的情绪，可是发现身体还是止不住地在颤抖。富兰克林看着他，面容温和地说："不用紧张，自己想成什么样，然后做成什么样就行了。"听到考官这亲切的安慰，卡耐基的内心慢慢地稳定下来。他缓缓地将两个膝盖弯曲，直到弯成垂直状态，然后他举起双手，让它们笔直地竖起来，尽可能地表现出椅子的边线和棱角。

卡耐基的表现，让富兰克林十分满意。之后，他又问了卡耐基一些关于艺术的基础知识，卡耐基都顺利地答了出来，最终他宣布，卡耐基通过了考试，可以进入美国戏剧学院学习了。

成功的喜悦，让卡耐基感觉自己是一个十分幸运的人。同时他也暗自下定决心，一定努力学习，将来成为一名家喻户晓的演员。

进入艺术学院后的半年时间里，卡耐基受到了良好的基础教育，同时他也清楚地了解到艺术学院的风格：在情感的指引之下，达到一种自然流露的表演风格，并在表演的过程之中，将这种情感的表现，达以一种更深更广的程度。卡耐基等自己的基础知识学扎实以后，开始努力地去尝试演戏剧。他总是希望能尽快地学有所成，然后在社会上建立自己的成就和事业。

在艺术学院里，有一个被称为"忧郁小室"的地方，很多学生都喜欢在这里练习演技。有时候，学生也会在这里组织一些锻炼演技的戏剧活动。而卡耐基只要一有空，就会拉着同学来到忧郁小室排练戏剧。

有一次，卡耐基请同班同学黛丝到忧郁小室，来进行日常的表演训练。两个人走进忧郁小室里，并没有引起里面同学的注意。因为这里没有固定的舞台，而且每天都会有许多场表演，同学们早就习惯了这一切。卡耐基所要做的，就是让自己的表演引起在场同学的注意。只有别人愿意关注你的表演，表演本身才会变得有意义。

卡耐基找来一把折叠椅作为道具，让美丽的黛丝坐在上面。而他则穿着一身十分绅士的西服，慢慢地走到黛丝面前。然后，卡耐基将自己的双手握在一起，眼睛盯着黛丝深情地说道："亲爱的！我真的非常爱你！如果能够拥抱你，即使死去我也在所不惜。"表演这一段的时候，周围的同学们都静静地看着这两个人，不知道他们真的是情侣，还是在演戏。

当卡耐基停下来的时候，这些同学们都笑了起来，他们知道这是在演戏，而且演得不怎么样。听到下面同学的笑声，黛丝觉得十分不自在，就想离开。但是卡耐基走过去对她说："同学们笑我们，是因为我们表演不够真实，我们应该继续努力。"听到卡耐基这么说，黛丝也认为自己确实应该多练习，这样才能得到大家的认可。于是，她继续坐了下来。

这时，卡耐基面对墙冷静了一会儿，梳理了一下感情。然后，他缓步走到黛丝面前，轻轻跪了下来，拿起黛丝的一只手说："噢！亲爱的！我真的……真的……很爱你！我愿意紧紧地抱着你……直到我死，也不会放开……"

黛丝见卡耐基那么投入，也把头慢慢低下来，用深情的眼光注视着，轻轻地把他拉了起来。最后，两个人抱在了一起。他们精彩的表演，立即得到同学们的认可，忧郁小室响起了热烈的掌声。

5. 排练戏剧

因为对艺术的喜爱，卡耐基把全部的精力和情感都倾注在了表演上。所以，他与黛丝的表演很真实、很感人，得到了同学们的广泛认可。但也是因为他们投入的表演，也为他们带来了一个麻烦。

卡耐基和黛丝在忧郁小室的精彩表演，被艺术学院的同学们广为传播。俗话说"三人成虎"，总是有一些无聊的人，对听到的故事添油加醋，所以学院里很快就流传出了黛丝成为卡耐基女朋友的谣言。卡耐基听说后没有当作一回事，可是很快麻烦就来了。

一天下午，卡耐基刚走进忧郁小室，就感受到有一种不友好的目光紧紧地盯着他。他看了看四周，发现自己经常练习表演的场地，被几个黑社会模样的人占据了，而且他们都在恶狠狠地瞪着自己。卡耐基心想，可能是哪里不小心得罪了黑社会的人，他们准备来报复自己了。

卡耐基正想走出忧郁小室，这几个人就围了上来，问他是不是叫戴尔·卡耐基。这一下，卡耐基更加明确了，这些人是来找他麻烦的。一个年轻人开始用流氓才用的污秽词语来谩骂他。一开始，卡耐基有点慌张，但是很快就稳定下来。他知道自己必须尽快想办法解决这件事，否则他们以后还会来纠缠自己。

稍微定了定心神，卡耐基问他们到底有什么事，是谁让他们来的？这时，一个叫比尔的人站了起来。卡耐基明白，这个人就是他们的头儿。如果今天自己要想渡过这一关，就要先把这个叫比尔的人制住，否则他们肯定会过来一起揍自己的。

　　而卡耐基也是一位基督教的信徒，他暗自祷告，这件事并不是自己在犯错，而是被人逼迫所致。祷告完毕，卡耐基抡起自己的拳头，朝着那个叫比尔的人的脸上狠狠地打了一拳。比尔被打了一个措手不及，刚想上前反抗，又被卡耐基掐住了脖子。

　　虽然卡耐基看上去非常瘦弱，但是他从小在农场里长大，手上有的是力气。他对着比尔怒吼道："你这个混蛋！我看你是找错地方了。"然后他更加用力地掐着比尔的脖子，露出一副要杀人的样子。

　　跟着比尔一起来的那一伙人，看到卡耐基这种疯狂的举动，一个个都吓傻了，根本不敢上去帮助比尔。而卡耐基掐着比尔的脖子来到门口，然后用力地将比尔推了出去，比尔一个趔趄跌倒在门外。

　　卡耐基转身回到屋里，指着刚才那个谩骂自己的年轻人说："滚！还不快滚！都滚出去！"比尔找来的几个帮手，看到眼前这个瘦弱的男人竟然这么疯狂，都很惧怕他，扶起门外的比尔，迅速离开了忧郁小室。

　　第二天卡耐基才明白，原来那个叫比尔的人是黛丝的男朋友。卡耐基和黛丝一起表演戏剧，引起了比尔的误会。特别是有谣言说，黛丝成了卡耐基的女朋友，比尔更加愤怒，于是他找了几个人，想要修理卡耐基一顿。结果卡耐基把这些人当成了黑社会，糊里糊涂地把他们打了出去！比尔回去后，和黛丝提出了分手。

　　因为卡耐基引起了一场误会，导致了黛丝和比尔分手，卡耐基很内疚。为了化解这场误会，他主动找到比尔，真诚地向比尔道歉并解释了原因。

两人之间的误会消除后，很快就成了好朋友。没过多久，比尔也加入了卡耐基的表演小队，卡耐基、比尔、黛丝三个人一起在忧郁小室里演出。其实，不只是三个人，卡耐基后来又发展了一批人，他们一起来进行戏剧的研究和探索。

接下来的日子里，卡耐基又创作了一段新的戏剧。这一部戏剧几乎没有什么对白，而是采用了大量的动作，用肢体来表述对于艺术的追求和理想。这部戏剧非常符合美国戏剧艺术学院的风格，更得到了富兰克林教授的支持。而且戏剧学院的同学们都十分喜爱卡耐基的表演方式，很多优秀的学生都主动去找他来演这部戏。

虽然卡耐基只是一个初学艺术的学生，但是他敢于尝试自己的想法。在卡耐基和众多同学们的努力下，他的新戏剧取得了很大的成功。表演结束的时候，富兰克林教授还亲自为他送上了一束花。忧郁小室里的同学们，也都为卡耐基感到高兴。

这部戏剧从开始设想，到找演员，再到成功演出，让卡耐基获得很高的成就感。这种感觉，比推销出去几部安全课程更让他感到惊喜。在戏剧的实验过程中，卡耐基找到了迷失的自我。这时，他甚至认为，戏剧表演将是自己的终身事业。

卡耐基成为心灵导师和成功学大师后，曾经提到过，在忧郁小室戏剧的表演成功，给他带来了很多感悟，让他明白了思想的重要性。为此，他还专门为忧郁小室的探索写了一个教程，取名为《自我发现》。

6. 坠入爱河

在美国戏剧学院学习期间，因为卡耐基精彩的表演，学院颁发给了他很多荣誉。这也让卡耐基相信，他是一个很有戏剧表演天分的人。转眼之间，卡耐基在美国戏剧艺术学院的学习结束了，他带着一份自信和期待再次踏入社会。

当时美国有很多马戏团，而刚从学校毕业的戏剧演员，只能先加入一些小型马戏团。等有一些名气后，再加入大型马戏团。等他们真正出名以后，才能进入大剧院演出。卡耐基毕业后，在学校的推荐下，加入到了波里马戏团。在这里，他认识了一位美丽的姑娘——霍尔曼·珍妮。

有一次，马戏团到俄克拉荷马州演出。在火车上，卡耐基原本想安静地休息一会，可是男演员们都在喝酒打牌，女演员们都在嬉戏打闹，使他一刻也不能静下来。不经意间，他看到有一个美丽的女孩安静地坐在角落里，闭目养神。

卡耐基被她的气质和美貌迷住了，非常想过去和她聊天，但是又怕打扰到她。没有办法，卡耐基只好坐在离她不远的位置，静静地看着她。过了一会儿，女孩子发现卡耐基在盯着她看，她友好地对卡耐基微笑了一下。这一纯洁美好的微笑深深地印在了卡耐基的心里，让他感觉到自己恋爱的春天来临了。

到了吃饭时间，那位女孩主动来到卡耐基面前和他搭讪："你好，我叫霍尔曼·珍妮，你呢？"说完，她伸出手，要和卡耐基握手。

卡耐基非常高兴，没想到女孩子会来和自己打招呼。他绅士地和珍妮握了手，然后回道："我叫戴尔·卡耐基，珍妮小姐，很荣幸认识你。"

"你家住在密苏里州吗？我以前就住在玛丽维尔，听你说话的口音感觉好熟悉啊！"珍妮问道。

"你以前住玛丽维尔？"卡耐基惊奇地说。

"是啊。"

"我出生在玛丽维尔，在瓦伦斯堡上的大学。"

"真的吗？没想到我们竟然来自同一个地方。"

……

两人聊了一会儿就成了好朋友。卡耐基不敢相信，原来他们这么有缘分，之前他还不敢和她说话呢。两人一边吃饭，一边说起自己身边的趣事来。

火车上的旅途虽然漫长，但因为有佳人相伴，卡耐基一点也不觉得枯燥。聊着聊着，他们谈起了这次的演出。当卡耐基得知珍妮是这次马戏团的女主角时，又吃了一惊。因为在这次演出里，他要扮演一个传教士，在保护和教导女主角的过程中，两人产生了一段缠绵悱恻的爱情故事。这是巧合还是注定的缘分？卡耐基暗自思忖。

通过一路的聊天，卡耐基觉得自己已经喜欢上了珍妮，他甚至希望接下来他们所演的不是一场戏剧，而是一个真实的故事：一位清纯美丽的马戏团女骑士波利，与一位英俊潇洒的年轻传教士走过的一段坎坷动人的爱情历程。珍妮扮演女骑士波利，而卡耐基扮演年轻的传教士，整场演出的最大看点是这对情侣对爱情的执着追求。

波利在一次演出的过程中出了意外，从马上摔了下来，脚踝严重扭伤了，于是马戏团送她去医院。可谁知道，附近唯一一家医院刚刚经历了一场火灾，到现在还没有开始运作。无奈之下，波利被送进了旁边的一家教堂休养，由年轻的传教士照料。

在传教士的悉心照料下，波利的脚踝很快就治愈了。但康复以后的波利并没有立刻回马戏团，因为她很欣赏传教士的学识，所以在教堂里跟着传教士学起了知识。随着两人的接触，他们之间也渐渐磨出了爱情的火花。

但是，波利很快发现，如果她长时间地和传教士待在一起，会严重影响她的事业。于是她偷偷离开了教堂，重新回到了马戏团。在马戏团里，大家见到备受欢迎的女骑士回来，非常高兴，为她专门安排了几个表演专场。

当波利骑着马在台上进行着一个又一个精彩的表演时，突然发现观众里站着一个熟悉的身影，那位年轻的传教士正在台下深情地看着她。这一突然的刺激，让波利的表演出现了一个失误，她从马上摔了下来。这时，身形敏捷的传教士迅速冲了上去，把波利抱在了怀里，台下发出一阵轰鸣的掌声。

最后，波利终于被传教士感动，她离开了马戏团，牵着传教士的手走进了婚姻的殿堂。

卡耐基和珍妮在这部戏剧里表演得非常精彩，他们之间原本已经产生一种朦胧的情愫。在表演的过程中，他们配合得十分默契，把整个剧情完美地再现给观众。

其实，不仅在戏剧里，现实中的两人也动了真情。回到纽约以后，他们还搬到一起住，成了一对幸福的小恋人。

然而好景不长，波里马戏团因为一些商业问题被迫解散了，卡耐基和珍妮失业了。

7. 失望地离开

离开马戏团以后，他们失去了收入来源，日子越发窘迫。没有学校的推荐，想要加入一个新的马戏团也是非常困难的。他找了几十家马戏团，没有一家愿意让他出演戏剧。万般无奈之下，卡耐基做起了小商贩，在纽约的街头摆个地摊，卖一些小饰物。

珍妮很不甘心一直这样生活下去，在她的心中，爱情和生活都不应该像现在一样糟糕。她对卡耐基说："我们不能这样一直过下去，一定得想个办法解决。"这几天，卡耐基对戏剧的热情被残酷的现实浇了一盆冷水，他看着珍妮，摇了摇头说："能有什么办法，一群无知之徒住在豪华的酒店里，而真正的艺术家却全都流浪街头，这就是现实。"

卡耐基又变得悲观起来，因为他觉得自己的演技很不错，但现实是，他在演艺圈里连个工作都找不到。"我们找工作的这几天，你也都看到了。那些一点本事也没有的三流演员，不知道靠什么办法已经红极一时了。再看看我们，空有一身演技，却连个工作都找不到。"卡耐基抱怨道。

两人沉默了很长一段时间，现实击败了他们的梦想。

"可是，我不想过这样的生活。"最后珍妮诺诺地说了一句。

看着瘦弱的珍妮，卡耐基打起精神对她说："明天我再出去试试，我想总会有马戏团留下我们的。"

第二天，卡耐基又去找了几家马戏团，可是，得到的答复都是一样的：真是抱歉，我们这里人已经满了，不再需要演员了。又一个月过去了，卡耐基和珍妮还是没有加入马戏团，他们的生活也变得更加窘迫了。这时，珍妮告诉卡耐基，他们可以去百老汇试试。

百老汇是美国著名演员的聚集地，那里打造了很多享誉世界的明星，是演员们梦寐以求的地方。卡耐基在艺术学院学习的时候，曾经去过百老汇。想在百老汇演出，一定要有极高的知名度和艺术水平，而卡耐基现在连小剧场甚至马戏团都进不去，想要加入百老汇，那岂不是痴人说梦？

但在珍妮的劝说下，卡耐基还是来到了百老汇。到了百老汇以后，他发现事实果然和自己预想的一样，根本没有人愿意接受他。正在卡耐基苦恼的时候，他和珍妮的爱情也面临了巨大的危机。

来到百老汇以后，有一家制片公司的经纪人对珍妮非常感兴趣，然而并不是因为她的演技好，而是由于她长得很漂亮。迫于对生活和现实的无奈，珍妮答应去这家制片公司。但对卡耐基来说，这段恋情似乎正在慢慢地走向终结。

珍妮去公司以后，连续几天都没有回去。卡耐基非常着急，他前往制片公司找珍妮。当他看见珍妮时，不由得呆住了，因为珍妮已经完全变了模样。她上身穿着一件名贵的貂皮大衣，耳朵上挂着金环，浓妆艳抹。卡耐基内心那个清纯的小姑娘，已经完全被社会腐化了。

珍妮看见卡耐基后就一直低着头，像是做错事了的小孩子。卡耐基盯着珍妮看了很久，叹了口气，他似乎明白了事情的缘由，两人相对无言。

过了一会儿，珍妮忍不住开口了："对不起，戴尔，我不想放弃自己的演员生涯，也不愿一辈子过平淡困苦的生活。所以我只有这样做，请你原谅我。"说完，她的眼泪就流了下来。

卡耐基听了珍妮的话，虽然满腔怒火无处发泄，但是他心里明白，这一切都不是珍妮的错，完全是这个残酷的社会造成的。而且他确实什么也没有，不能给珍妮带来鲜花和掌声，甚至连温饱问题都不能很好地解决。

看着蹲在地上默默哭泣的珍妮，卡耐基慢慢地平静下来，他对珍妮说："我明白了，这也不是你的错，既然你选择了走这条路，我只能默默地祝福你。"说着，卡耐基扶起了还蹲在地上的珍妮，擦干了她脸上的泪痕，然后静静地拥抱着她。

过了一会儿，卡耐基附到珍妮的耳边说了句："再见了，亲爱的，你要保重自己。"说完他慢慢地松开双臂，轻轻地推开珍妮，转身离开了。

两年前，卡耐基怀着对艺术的憧憬来到纽约，他原以为自己的命运会随之改变。在艺术学院学习的时候，他精彩的表演、老师们的表扬、同学们的夸赞，都让他对美好的未来充满期待。但如今，卡耐基所有的梦想都彻底粉碎了，他不仅在事业上一事无成，而且恋人也离开了自己。这一切，都深深地伤害了他。

回去以后，卡耐基决定退出演艺界，他的演员梦结束了。卡耐基的戏剧演员生涯是短暂的，但是在这两年时间里，他看到了很多人的劣根性，社会的黑暗，他的思想有了进一步的提升。

第三章　职业转变

1. 再入推销业

　　既然已经决定退出演艺界，卡耐基认为自己也没有必要再待在纽约了，于是他重新回到密苏里州，继续做起了推销员的工作。在当时的美国社会，做推销员的人非常多，但是优秀的推销员很少，所以优秀的推销员会受到很多大公司的青睐。

　　回到密苏里州以后，卡耐基选择了阿摩尔公司做推销员。因为这家公司的规模很大，而且公司的产品也很受欢迎，发展前景比较好。他换上新的工装，把衣服和领结都打理平整，又把皮鞋擦得透亮，准备开始全新的生活。

　　来到阿摩尔公司，卡耐基见到了公司的老总洛佛斯·海瑞斯。洛佛斯为人做事都比较缓和，带有浓重的美国西部特色，与雷厉风行的卡耐基有很大的差别。虽然他们不是同一类的人，但是当他们在一起交谈时，洛佛斯很欣赏卡耐基。

　　"小伙子，如果你要来我这里上班，就必须要接受为期一个月的培训。不管你以前是不是有工作经验，或是以前做得如何出色。"洛佛斯对卡耐基说。其实看到卡耐基的第一眼，他就被这个精神十足的年轻人折服了，希望卡耐基能留下来。

　　但洛佛斯没有想到，卡耐基竟然表现出了拒绝的意思，他说："虽然这是你们公司的规定，可是……"

　　"没有什么可是，小伙子。"洛佛斯打断了卡耐基的话，"从明天起，你就是我们公司的员工了。第一个月的工资是每周17美元，当你开始正式推销工作的时候，我会另加上住宿费和交通费，并且根据你的推销业绩会有提成。"

洛佛斯说完以后，以为卡耐基会十分高兴。然而卡耐基平静地说："很对不起，先生。你要执意如此，我想再去别的地方找工作。虽然需要这一份工作，但是卡耐基不能接受洛佛斯的独裁方式。"他说完话，就转身准备离开办公室。

"请你等一下，年轻人！"洛佛斯不解其意，就站起来挽留。因为直觉告诉他，这个年轻人一定是位出色的推销员。他接着说："卡耐基先生，在我的公司，员工只能听我的命令行事。但是，今天我决定破一次例，告诉我你为什么要走？"

听到洛佛斯挽留他，卡耐基顿时也觉得自己刚才的举动有点冒失了。因为一个星期17美元，另外还有住宿费和交通费再加上提成，已经是很不错的待遇了。

于是卡耐基又重新坐了下来，他对洛佛斯说："一个月的培训实在太长了，我认为自己有能力胜任这份工作。所以我要马上投入到正常的工作之中，不想为了一些推销员的基础培训，而浪费一个月的时间。"

洛佛斯听完之后，看着眼前的这个年轻人，不由得赞叹道："很好，小伙子，你是第一个应聘敢说出自己想法的人。你既然对自己那么有信心，我想也一定有相应的本领。我决定同意你的要求，不用再培训了，直接参加工作。"

洛佛斯从抽屉里拿出一份任命书，把卡耐基派到南达克达区西部，去开辟新的市场。卡耐基说服了洛佛斯，找到了新的工作。为了新工作，卡耐基离开密苏里州，去往南达克达开辟新的天地。

来到南达克达后，卡耐基马上投入到繁忙的工作之中。每天他都很早起床，到一些小县城去跟当地的零售商人交谈。聪明的卡耐基，很善于抓住每一个人的不同，以他们喜欢的方式切入，然后慢慢地引到阿摩尔公司以及公司的产品上。他总是能以一些新奇的方式交流，让对方对阿摩尔公司的产品产生信任感。

等客户对他们的产品产生兴趣后，卡耐基开始把谈话的重心慢慢地移到公司的产品上。他会告诉客户公司的产品都有哪些优点，以及他们选择这些产品会带来什么好处。当卡耐基从客户的角度进行了细致的分析之后，许多客户都决定购买阿摩尔公司的产品。

经过一段时间的努力，卡耐基终于在南达克达地区取得了一定程度的成功。这次成功，让他重新找回了推销员的自信，以及对美好生活的向往。卡耐基就是这样一个人，只要他做出了成绩，他就会怀着更高的理想，朝着更高的目标出发。

2. 工作失利

在不断的学习和工作过程中，卡耐基发现了一个新的问题。由于他的个人专业和兴趣的限制，公司里有些产品他很难推销出去。经过这几个月的磨炼，卡耐基已经十分明确地知道，如果想要把一种产品卖出去，就一定要对这种产品非常了解才行。

阿摩尔公司最新推出的都是一些汽车，想把这些汽车推销出去，就要学习与汽车相关的知识。而卡耐基对汽车一点也不了解，并且他不喜欢学习这些知识。虽然他费了很大的工夫去了解这些汽车，可仍然没有取得多大的进展。

几个月过去了，对于发动机、机械之类的东西，卡耐基怎么也提不起兴趣。可是公司把销售的重心逐渐转移到汽车上来，这使得他又一次陷入了困境。因为他不了解关于汽车的知识，就只能为客户讲那些与汽车有关的故事，或者汽车的发展史，而这些对于想买车的客户来说，没有任何吸引力。

有一天，卡耐基正在吃饭，公司的大胡子领导走过来，并没有说什么话。因为最近没有什么销售业绩，所以卡耐基看到领导走过来，心里非常紧张，一不小心将手中饮料打翻在地。领导看到了之后，并没有批评他。

正在这个时候，一对年轻的男女走进店里，看他们的衣着打扮，就是有钱人。看着眼前的帅哥美女，卡耐基知道这是潜在的买车客户。他主动迎上去，跟客人交谈。

卡耐基用洪亮的声音，对进来的年轻男女说："您好！欢迎来到本店，我们这里所有的汽车都是最优质的……"他用尽自己的本事，想留住进来的这两个客户，让他们买车。但是，这两位客户，好像对卡耐基的讲解和引导，没有任何兴趣。

他们用一种不屑的眼神看着卡耐基，一副爱理不理的样子，表情非常高傲。但卡耐基一点也不生气，还是热情地为他们讲解。因为他总是能够见到这样的客户，完全不需要因为顾客的恶劣态度而生气。卡耐基继续对他们说，自己店里的车如何好、如何优质。在经过了几分钟的交谈之后，那个漂亮的女士拉起男的就向外走。

在走之前，那位女士特意回过头来羞辱了卡耐基几句，她说："你这个售货员，对汽车一点也不了解，说起机器性能你更是一个门外汉。我感觉我们邻居家一个几岁大的小孩子都比你懂得多，我们不想跟无知的人沟通。"

客户刚走，大胡子领导就进来，把卡耐基狠狠地骂了一顿。

"卡耐基你真是没有用，竟然让顾客这么说你。我以前只是听到有人投诉你，说你在跟客户胡说八道，本来我不相信。今天，我亲眼看到了，你真是一个什么都不懂的废物。从现在起，你给我好好卖车，否则你就会跟外面那些人一样。"领导指着外面的乞丐对他说。卡耐基只是沉默地点头，不敢有丝毫异议。

领导走后，卡耐基陷入自责之中，自己堂堂一个大学生，竟然连这点小事情也做不好，难道自己真的要被解雇吗？如果失去了这份工作，自己以后的生活怎么办呢？一时间，卡耐基也觉得自己十分没用，他独自一个人在街道漫无目的地走着，天色渐渐黑了下来，黑夜一点点吞噬着他的热情。

他感觉自己的头都要裂开了，生活的艰辛让他承受了太多的压力。晚上，这一条街道经常会有黑社会的人出没，以前卡耐基十分害怕会遇到这些人，但是今天，他不再害怕了。因为有一种比黑社会更加恐惧的黑暗，已经覆盖了他的身心。他知道，自己马上又要面临失业的威胁，生活可能会再一次陷入困境。

走着走着，卡耐基闻到一股烤肉的香味，他摸了摸了自己的口袋，只剩下十几美分，连烤肉都买不起。他盯着烤肉摊看了一会儿，无奈地转头朝自己的公寓走去。他一边想着，自己可能失业，又要去面对更加困难的生活；一边向上走，不知不觉就走到楼顶的阳台上。

走到阳台上，他才想起来自己欠房东房租，怎么能走到楼顶上来呢？要是被房东看到，又要催着自己交房租了。卡耐基悄悄地回到自己的屋里，没敢开灯，躺在床上辗转难眠。

躺了一会儿，卡耐基觉得头疼得厉害，想起了自己以前遇到的所有不顺心的事，他突然担心自己会不会死在这里？如果自己没有事，能一直活着，那么几年以后，十年以后，又将要面临一种什么样的生活呢？自己的职业生涯，为什么会一直这么不顺利呢？是自己天生就笨，还是有其他必然的原因？

到了夜里，卡耐基不时能听到嗡嗡的声音，周围有很多小飞虫来骚扰他。烦躁不已的卡耐基把灯打开，把虫子一个个都拍死。当拍死虫子的时候，他突然想到，人是不是也和这些虫子一样，很轻易地就死了？在失败的面前，年轻的卡耐基再一次被现实困扰了。

3. 精神自我

推销汽车的失败，让卡耐基的工作积极性受到了极大的打击。他的心情又开始走向低谷，忧郁逐渐地围绕在他的左右。因为没有一个亲人或知心朋友与卡耐基做伴，心情烦闷的时候，他时常翻看自己随身携带的几本书。

他带的书中有一本苏格拉底语录。看着苏格拉底逐步地引导着他的弟子寻求答案，卡耐基也尝试用这种方法来让自己摆脱困境。

他开始不断地询问自己，忧郁到底从哪里来的？为什么它会一而再、再而三地困扰着自己呢？为了搞清楚这些问题，卡耐基开始尝试着用书里教的一种方法——换位思考。他把自己置身事外，心想如果从不同的角度看待自己的这种情况，会出现什么结果。

"记得早在上大学的时候，我就为自己规划了许多梦想。但是，直到现在为止，当初所有的梦想，连一点实现的影子也没有。

难道我的人生，就是这样一种状态吗？现在的生活，就是我一直努力的结果吗？住在这样的地方，到处是蟑螂和蚊子等烦人的小虫子，交不起房租，甚至连吃一顿饱饭的钱都没有？"

卡耐基先是十分悲观地想着自己的人生，当他不能解脱的时候，又开始用积极的心态去思考。

"虽然自己没有多大成就，但是每天也只是动动嘴皮子而已，并没有做什么繁重的体力劳动。如果说还有点受累的活，那也只是偶尔帮助客户做一些服务。不管是推车，还是给车上油，其实并不是十分累人的活。那么为什么，自己还感觉这么累呢？是工作的问题，还是自己出了什么问题？"

经过不同角度的思考，卡耐基的心情变得好多了，头也不再疼了，很快就进入了梦乡。明天，他仍然需要面对现实的生活。

第二天，当卡耐基来到店里时，大胡子领导主动微笑着跟他打招呼，好像昨天两个人之间什么都没发生一样。

"早上好！卡耐基。"

"早上好！经理！"

新的一天，总是有新的工作要做。领导安排卡耐基去为他的儿子买自行车。到了购买自行车的地方，卡耐基被一个中年人吸引了。因为这个中年人有残疾，他只有右手，左手从手腕的地方被切断了。

卡耐基心中立即生出一种同情，因为他也是一个少根手指的人。他来到中年人身边，中年人友好地跟他打招呼，因为都有残疾，两个人看上去十分投缘，不一会儿就聊了起来。

"我从小是在乡下的农场中长大。小时候调皮，从房顶上往下跳，手指上的戒指挂在了钉子上，于是我这个手指就被切断了。"

说完，卡耐基回忆着小时候的那段不幸经历，脸上露出了一种忧郁的表情。

中年人听完卡耐基的叙述，摆了摆手说："老弟，你只是少了一根手指，不用太难过。我在工作的时候，整个左手被轧钢机给切掉了。虽然手没有了，但是我还活着，这已经很幸运了。"

"那你会不会经常为此烦恼呢？"卡耐基问。

"没有，我几乎已经把这件事情彻底忘记了。只是在用针穿线的时候，才想起来自己的左手没有了。"中年人说完哈哈大笑起来。

这一回答，深深地触动了卡耐基。虽然中年人比自己受到的伤害大，但是他的心态，要比自己强多了。卡耐基早就发现，一个人有着肉体的自我和精神的自我，但是他并没有深入研究。

通过与中年人谈话，卡耐基明白了：一个人如果有强大的精神自我，那么他就能够承受更多的苦难和压力，甚至能将这一切的不幸，转变成一种乐趣。想到这里，卡耐基突然有一种解脱的感觉。虽然自己并没有取得太大的成功，但是自己是一个大学生，而且在推销方面，还是有一定的能力的，只是在汽车这一方面做得不太好而已。

回去以后，卡耐基在床上，开始进一步地分析自己。长久以来，一遇到困难自己就会被忧郁和痛苦缠绕，这主要是因为自己精神太弱小，害怕困难的降临。如果自己能有一个光亮的心理世界，那么再遇到困难就不会像以前那么忧郁了。

想来想去，卡耐基觉得应该仔细梳理一下自己的人生。于是他爬起来，把以前遇到的困难和设立的梦想都记在了一张纸上，然后整理它们，他要为自己树立新的人生。这一次，卡耐基并没有进行不着边际的幻想，而是以他经历的事实为基础，在自我分析的过程中，获得精神上的新生。

4. 新的职业规划

重新梳理人生后，卡耐基的心情舒畅了很多。他继续一边学习汽车知识，一边琢磨着新的销售方法。没过多久，卡耐基的人生迎来了一个新的转变。

那是一个下午，卡耐基的店里来了一位老先生，他想要购买一辆汽车。卡耐基走过去，跟他讲解自己公司的汽车。然而汽车知识匮乏的卡耐基，只是把汽车的发明史和一些与汽车相关的人物讲给老先生听。

老先生并没有打断卡耐基的话，但是却明显表现出一种不感兴趣的神情。卡耐基没注意对方的表情，只是一直滔滔不停地说着。过了一会儿，老先生看着眼前的这个年轻人，终于忍不住开口说："其实我对这些并不是太感兴趣，我只是想来看看车而已。年轻的时候，我曾经梦想着要做一名汽车设计师。在那个时候，汽车还没有发展起来呢……"他说着说着，就慢慢地沉浸到回忆里。

听着老先生在那里自言自语，卡耐基似乎从老先生身上看到了自己的影子。以前他也有许多梦想：当一个作家、演讲师、演员等等。但是，毕业以后他一直在为工作和生活忙碌，从来就没有为自己的梦想采取过任何实际的行动。推销员并不是他喜欢的行业，因为在做这份工作的时候，他从来就没有感觉开心过。

看着老先生的满头白发，卡耐基不禁想到，如果他一直这样生活下去，迟早有一天，自己老了还一事无成，只能遗憾地怀念当年的那些梦想。想到这里，卡耐基心里一震，不！不能这样过下去。一定要趁着自己现在还年轻，为理想去拼搏一回，即便是失败了，心中也没有遗憾了。

这时，卡耐基把工作的事情抛在一边，和老先生聊起人生和梦想。

卡耐基说："其实，我一直想找份有点空余时间的工作，这样我就可以一边工作，一边从事写作。我很喜欢写作，如果将来能够专门从事写作，即便是生活过得艰苦一点，也不会像现在这样感觉身心疲惫。我想问问您，以您的经历来看，我能够放弃推销员工作而去从事写作吗？"

老先生赞赏地看着这个重新燃起梦想的年轻人，不由得鼓励道："你既然不喜欢做推销员，为什么还要接着做下去呢？推销员并不能给你带来好的生活，即使将来做得很成功，它也不会给你带来快乐。你应该去追寻自己喜欢的东西。"

为了打消卡耐基对生活的顾虑，老先生接着说："如果你的书写得好，一样可以挣很多钱。去年出的那几本畅销书，像《野性的呼唤》和《山上的牧羊人》销量都超过了百万册，这给作者带来了一笔巨大的物质财富。"

老先生的一番话，让卡耐基有了转行去写作的想法。但是，他很快又否定了这一想法，因为他只做过推销员的工作，如果不做推销员，他接下来的生活怎么办？而且他对于写作这个行业不熟悉，如果和以前做演员一样遇到很多困难又该怎么办？

"老先生，我对挣大钱并没有太多的兴趣，因为我不确定自己有没有写作天赋，只是喜欢写作而已。现在的问题是，除了推销员以外，我没有做过别的工作。如果我放弃现在的工作，我靠什么挣钱去生活呢？"卡耐基十分矛盾地说。

老先生看出这个年轻人内心的困惑，就语重心长地对他说："年轻人，如果你所从事的职业，是你喜欢的事情，我想你一定能够做得很好。至于生活，你不用太担心，困难只是暂时的。仔细想想，难道你真的没有别的特长吗？"

"自己难道真的没有别的特长吗？"卡耐基仔细回忆了以前的生活，突然笑了起来。他还有一个特长，而且也是他喜欢做的事情，那就是演讲。

想到这些，卡耐基把眼前的一切全部抛到脑后。不管是货车，还是汽车；什么纽约，什么大都市，这些对他都不重要了。他的心中开始对写作充满了激情，只要拥有笔和纸，他就能写出一个精彩的人生。等自己的书出版了，戴尔·卡耐基的名字，一定会在整个美国甚至全世界得到传播。

卡耐基沉浸在自己的世界里，对于现实的推销工作，已经完全失去兴趣。以演讲口才找到一份新工作，一边演讲一边写作，这就是卡耐基新的职业规划。从这个时候起，他的演讲天赋也开始正式派上用场了。

5. 青年会夜校

在老先生的启发下，卡耐基下定决心从事写作事业。虽然卡耐基存在很多担心和忧虑，但做了决定以后，他感觉内心充满了信心和干劲，而且全身都轻松了很多。卡耐基还不停地告诉自己，既然已经决定去写作，就要全力以赴直至成功。

打定主意以后，卡耐基辞去了推销员的工作。为了生活，他开始寻找与演讲有关的工作。经过一段时间的打听，他得知波士顿有很多演讲师的工作。卡耐基收拾好行囊，准备先去波士顿做一名演讲师。

其实，卡耐基以前也去过波士顿。波士顿有一个大型教育集会——卡尔教育集会，卡尔教育集会成立于1873年，是一个带有宗教色彩的教育课程。课程针对的人群主要是成年人，许多著名的教师、牧师以及有成就的演说家都会到这里讲学。在上大学的时候，卡耐基去波士顿参加过这一集会，参加集会的那一天，卡耐基静静地坐在人群里听演讲。当听到一位旅行家描述自己的精彩旅程时，他被深深地吸引住了。因为不管是旅行家的说话技巧，还是本身的故事情节，都非常精彩，这给卡耐基留下了深刻的印象。最让卡耐基难忘的是，旅行家在故事结束的时候无意间的一个暗示。

故事结尾时，旅行家说："我所说的这个男孩儿，出生在一个农民家庭。虽然他很贫穷，但是他一直勇敢地努力奋斗，不久的将来，他一定能够取得成功。"旅行家微笑着看着人群，突然问道："其实，这个男孩就站在我们中间，你们知道他是谁吗？"

听到这里，台下的人骚动起来，有些人还起身想看看这个优秀的男孩到底是谁。旅行家示意大家安静，然后用手指着人群的一个方向，说："女士们！先生们！我告诉大家，这个男孩就坐在那里。"而卡耐基就坐在旅行家所指的方向上，所有人都朝着他的位置看过来。

卡耐基对这件事的印象很深，因为他正是在这件事以后，演讲水平变得越来越好了。

来到波士顿后，卡耐基开始四处寻找演讲师的工作。可是事情并不顺利，一连几天过去了，他仍然没有找到合适的工作。

一天晚上，卡耐基一边想心事，一边在路上走着。走了一段路，他感觉有点奇怪。因为平时天色稍微暗一点，路上的行人都会变得很少，但今天晚上一下冒出来很多年轻人。而且这些人都骑着自行车，沿着同一条马路来回穿梭着。

卡耐基有点好奇，想知道这些人在干吗。于是他顺着人流的方向走，一会儿，来到了一个五层楼房外。他走进楼里，想看看这里到底发生了什么事。

进楼以后，卡耐基听到很多人都在楼里讨论着，却听不清楚他们讨论的内容。他只好继续往里走，这时突然从身后传来一声甜美的问候："您好！先生！"卡耐基转过身，看到一位美丽的金发女孩正在对他微笑。"您好！"卡耐基回应道。

"先生，您是不是也听了今天的课？我没有弄明白商业理念到底是什么意思，您可以讲给我听吗？"金发美女问。

对于商业理念这个词，卡耐基倒是很明白，因为在做推销员的时候，他们做过这一方面的专业培训。于是他开始给这个金发美女讲解起来商业理念这个词。

"要知道，商业理念是一个系统的概念，我们现在所能看到的商业现象，以及正进行的建设，都是在商业理念的指导下进行的，美国之所以会快速发展，主要来自于都市化、工业化、以及外来移民的推动，纽约已经发展成为美国的商业中心。铁路的延伸，汽车工业的发展，极大地带动了国内的经济发展，带动了一系列其他新产业的发展……"

卡耐基运用自己的演讲技巧，将这个有点空、有点大、又有点复杂的概念尽量简洁化，好让这个金发美女听明白。卡耐基的精彩解说，把站在旁边的几个人也都吸引过来，他们都凑在卡耐基身旁认真地听着。听完之后，有几个人高兴地说："没想到，这么难理解的一个概念，竟然这么容易就被讲明白了。"

这时，金发美女也对卡耐基感谢道："谢谢您，先生，没想到您知道得那么清楚。"说完，她看了看表，"哦，上课时间到了，我先走了。"

"上课时间到了？"卡耐基不解地问。"这一带我没有见过学校，你要去哪里上课呢？"

"先生，你不是来上课的吗？那你一定不知道，这里有一个青年会，是专门进行成人培训的。我要去上课了，对不起！"金发美女转身走了。

卡耐基呆呆地站了一会儿，开始继续往前走，没走多远，他就看到了青年会的牌子。他走进去，看到了一所夜校的牌子。卡耐基看着周围的环境，他好像明白了，刚才那么多骑自行车的年轻人，为什么要来这里了。他一步一步向里走去，这平凡无奇的几步路，却给卡耐基带来一个美丽的人生。

6. 成为教师

青年会其实就是一个夜校，可以给一些不满现状的年轻人提供一个学习平台，让他们可以在业余时间为自己"充电"。知道这一信息后，卡耐基非常高兴，如果能在夜校里做一名演讲师，那岂不是说，他既找到了工作，又拥有很多空余时间来写作了。因为一般夜校的上班时间为晚上6点到10点，而整个白天都是休息时间。

想到这里，卡耐基从教室里走了出来，看这里是不是还在招教师。走到门口时，卡耐基看到墙上贴着广告，广告上面有两个红色的大字：招聘。卡耐基连忙走了过去，仔细阅读了这张广告，原来上面写的就是夜校招聘老师的条件。

读完以后，卡耐基发现自己非常符合这些招聘条件：大学本科毕业，有一定的社会实践经验，善于演讲，对教师行业有一定的了解，并愿意长期在这一行业发展。

这时，卡耐基的内心一下温暖起来，他觉得这就是专门为他准备的工作。卡耐基当即根据广告提供的地址，来到招聘处报了名。回去以后，卡耐基不停地对自己说，他能够通过面试，而且一定要通过面试，成为这里的演讲教师。

第二天，卡耐基来到青年会五层小楼。他怀着不安与忐忑的心情，走进面试的办公室，面试人员拿着卡耐基的简历，问道："您是卡耐基先生吧？"

"是的。"卡耐基有点紧张地回答。

"请问您来应聘讲师的理由是什么？对成人教育，您了解多少，能详细说一下吗？"

听面试人员这么问，卡耐基紧张的心情慢慢地放松下来。因为来面试之前，他已经思考过这些问题。卡耐基抬起头，看着面试人员的眼睛平静地说："从师范学院毕业后，我接触过很多人，这些人处于社会的不同阶层。他们都想着改变自己的生存状态，因此成人教育的市场很广阔，值得我们投入大量的精力去研究。"

看到面试人员投来赞赏的目光，卡耐基继续说道："我觉得成人教育，就是帮助这些人实现自己的梦想。只有帮助他们完成生活的蜕变，成人教育才会变得有意义。我演讲能力非常好，能够引导学生们发觉自己的困境，这正好可以应用到现实的教学中去……"

在回答问题的时候，卡耐基就像是在进行一场演讲。在面试人员中，有一位老者一直在注视着他。等到他把话说完了，老者插了一句话："卡耐基先生，您应该更详细地与我们主任谈一谈您对成人教育的认知。"他指向其中一名中年人。

顺着老者所指，卡耐基转向那位中年主任，详细地说起自己关于成人教育的认知。

"主任先生！一般人认为，成人教育就是要补充成年人的科学文化知识。但我认为，这种观点限制了成人教育的发展，成人教育应该涵盖更加广阔的内涵。除了文化知识之外，还要侧重社会学的教育，这种知识对一个人的成长以及改变命运更有帮助。"

思路打开以后，卡耐基开始滔滔不绝地对面试人员进行着演讲："成人教育，应该有别于传统教育。因为对于一般的成年人来说，他们想得到的不仅是一种技能，而是一种能改变自己生存现状的思想。如果有教育方法能满足他们的需求，那么只要我们很好地开发和运用这种方法，成人教育就会变得更受欢迎……"

主任用赞许的眼神看着卡耐基，嘴角流露出了微笑。卡耐基讲完后，主任接着问他："卡耐基先生，您以前对我们青年会了解吗？会不会不适应这种工作？"

虽然卡耐基是在昨天晚上才知道有这样一家教育机构，但是在面试前，他已经做过大量的工作，当然也收集了很多关于青年会的信息。

卡耐基仔细回忆了一下关于青年会的信息，然后配合上自己的演讲技巧，开始说起了青年会的优势和发展方向。他精彩的回答给面试人员留下了深刻的印象。从主任的表情中，卡耐基已经感觉到自己的面试非常成功。

离开的时候，那位老者一路把卡耐基送了出来，他一边走一边对卡耐基说："年轻人，你的资质很不错，估计用不了多久，你就会与我们一起工作了。希望在试讲的时候，你能拿出更好的水平！祝福你！年轻人！"

"谢谢您，老先生。"卡耐基回道。

带着喜悦的心情，卡耐基回到了自己的公寓。在公寓里，他开始思考关于下周的试讲，有幸得到一次展现自己才华的机会，应该以什么样的题目来开始呢？仔细斟酌后，卡耐基按照自己的思路，撰写了一篇关于缓解压力的演讲稿，接下来，他开始不停地练习演讲。

时间过得飞快，转眼到了试讲那天。卡耐基穿着一身黑色西装走进青年会的教室，教室里坐满了学生，他们一边聊天，一边等待着上课时间到来。虽然此时卡耐基心中十分激动，但是他并没有急着跟教室里的人打招呼。他安静地坐在椅子上，用富有涵养的眼光，跟教室里的学生交流着。

第四章　成功的演讲师

1. 动情的试讲

"丁零……"上课铃声响了，卡耐基站起来和教室里的同学们问好，然后以一首诗歌开始了自己的试讲课。这首诗的名字叫作《徜徉在六月里》，其作者是詹姆斯·怀特坎姆·董利。卡耐基用一种缓和、温馨的语调朗读着这首优美的诗：

告诉你什么是我的最爱，

渴望徜徉在六月里。

……

这种新奇的开课方式，加上卡耐基恰如其分的感情把握，教室里的学生们全被吸引住了。伴随着卡耐基那轻缓的语调，大家都慢慢地融入到了诗的意境中，细细地体会那种乡间的美丽和幽静。

诗歌朗诵结束后，卡耐基正式开始了自己的试讲课。

"女生们，先生们，大家好！我是今天的试讲老师，名叫戴尔·卡耐基。"说着他把自己的名字写在了黑板上，"刚刚我给大家朗诵的这首诗，是为了要引出一个故事，一个发生在农民子弟身上的故事。这是一个真实的故事，故事的主人公不是别人，他就是现在站在讲台上的人。"

教室中的人听到这位新讲师要讲自己的故事，所有人都打起了精神，他们想听一听，这位试讲的老师会说些什么。

卡耐基将他在人生之路上为了生活苦苦挣扎，最后在一位老先生的点拨下，重新追求梦想的故事绘声绘色地讲了出来。以前的贫穷生活，面对困难时的忧郁，因为失败而不能入眠等等这些困境，自己是怎样一步一步地走出来的，他都以一个现实的经历者，一一道来。

快要结束的时候，卡耐基以一件小故事总结了这次演讲："记得在上小学的时候，我家农场里发生了一件让我一直铭记于心的事。那个时候，我在农场里种了很多树，这些树长得很快，每天都会带给我新的惊喜。到了冬天，天上下起大雪的时候，小树的枝条上会积起雪块。雪块越来越多，小树的枝条也越来越弯，但小树枝还在坚持着，这让我很感动，因为它们并没有屈服于冰雪。终于有一天，枝条不能承受更多的压力，一些细小的枝条被压断了。当我看到小树的枝条因为支撑不住而折断的时候，我觉得那是一种悲剧。对于我们在座的各位来说，我们就像是这些小树。我们总是会遇到很多压力和挫折，只有支撑起残酷的现实，我们才能够活得更长久。如果我们像小树的细枝一样，不能够承受巨大的压力，那么在现实的重压之下，早晚有一天我们会折断。"

卡耐基向大家分享了自己的过去，自己的成功和失败，通过精彩的演讲和动人的故事，获得了教室里学生们的共鸣。掌声将卡耐基淹没了，虽然学生们对他并不了解，但是听了这次试讲，他们还是用热烈的掌声来表达对他的支持。一些性格外向、情绪高涨的听众，甚至直接冲到台上跟卡耐基拥抱。

这一次试讲课，卡耐基取得了圆满的成功。其实，在获得学生们一致认可的同时，卡耐基也打开了自己的内心世界。

试讲取得了成功，他接下来要做的就是跟学校商量工资的事情。正当他跟教室里的学生们互动的时候，学校主任迎了上来，他说："卡耐基先生！你的演讲很成功，可是我不需要为学生做心理疏导的心理医生，我们需要的是一个传授演讲技巧的老师。"

听到主任这么说，刚开始卡耐基还以为自己没有被录用。但是转念又一想，他立即明白了，主任是想压低自己的工资。于是他微笑着对主任说："我可以让学生喜欢上演讲，并且能让他们学习到演讲的所有技巧。"

看到卡耐基没有让步的意思，主任正在考虑该怎么回应他。这时，之前面试遇到的那位老者走了过来，他说："社会学本来就不是单纯的某一科目，而是很多种学科的综合。卡耐基先生在这方面的学识，已经超过我们，他绝对有能力在这里做一名合格的教师。"

在老者的劝说下，主任答应以每星期15美元的工资聘请卡耐基。而卡耐基觉得给的太少了，他给主任提了一个建议，采用合作分成的方法算工资：每节课给卡耐基一美元基本费，然后根据卡耐基每节课能吸引多少学生来算工资。显然这一工资结算办法对双方都有利，主任高兴地答应了卡耐基的请求。

在经历了一段转型和失业的痛苦之后，卡耐基终于找到了一份工作，一份适合自己的工作。开始教学以后，他白天看书写作，到了晚上就到青年会去上课。在青年会的那间教室里，他教会了很多人变坚强，也让很多人开始努力追寻自己的梦想。他独特的课程，被学生们称之为"卡耐基课程"，而那一间上课的教室，也被大家称为"卡耐基教室"。

2. 为学生解忧

上课的时候，卡耐基非常注重一个问题，那就是与学生之间的交流。想要教别人学会演讲，就一定要了解这个人。所以卡耐基总是细心观察学生们听课的时候每个人的反应，然后再对他们加以指点。

在第一排的学生里，卡耐基发现了一个奇怪的年轻男子。他虽然一直在认真听课，而且脸上也充满了自信，可从来没有说过一句话。这名男子戴着一副黑框眼镜，穿着一身白色西服，面带微笑地坐在那里，静静地听别人的谈话。

一段理论知识讲完后，卡耐基放下手中的粉笔，面对着他说："第一排穿白西服的这位先生，您能站起来谈谈您的事迹吗？"这名男子有些不知所措地站了起来，他也不清楚自己应该说些什么，支吾了半天才说出几句不着边际的话："我叫达尔·卡利斯，是一个商人，关于我的经商没有什么好说的……我家里的情况也很简单，我父亲是一位教师，他很支持我的事业，我很感谢他……"

年轻商人没头没尾地胡乱说着，显然他不擅长演讲，特别是在这种突如其来的情况下。看到商人越说越不自在，卡耐基在他停顿的时候，轻轻地插了一句话："最近在你身上，有没有发生什么让你特别留意的事，或者有特别感悟的事呢？"

得到卡耐基的提醒，年轻商人说起了前几天发生在自己身上的一件事。他说："几天前有一件事让我感触很深。我有一个5岁大的女儿，那天下午，我正在屋子里烦乱地看着文件，女儿突然从外面跑进来，她拿着几块木头求我给她刻一个小木船。虽然我很不愿意，但在孩子的一再请求下，我还是放下手中的工作，为她刻起了小木船……"说着说着，商人渐渐地进入到一种回忆之中。

"忙碌了一个下午以后，终于把小木船刻好了。看着地上的木屑和孩子高兴的表情，我突然意识到，那个下午比平时过得充实多了。这几个月以来，因为工作我一直精神恍惚、烦躁不已。通过那一下午的精神休息，我的心情开朗多了。"

年轻商人说完后，卡耐基帮他分析起事情的原因来：

"长久的处于一种工作状态，会让我们逐渐感到疲倦，当疲倦达到一定程度后，我们内心就会产生一种烦躁感。解决这种情况的最佳办法就是彻底放松一下，全身心地去做一件自己喜欢的事，这样有助于消除我们的疲倦，让我们再次充满活力。心理学证明，我们的大脑不能同时思考两件事情。在座的各位可以试一下，闭上眼睛想象接下来你要做的两件事。"说完，卡耐基也把眼睛闭上了。

过了一会儿，他睁开眼睛说："这显然是不能的。而刚才这位商人先生为了让自己女儿开心，刻了一下午的木船。他把心思都放在了新的事物——刻木船上，身心也都得到了休息，所以事后他才会变得开朗多了。"

卡耐基就是利用这种解惑、引导的方法，为学生们解忧的同时，也让他们逐步开始在大家面前说话、演讲。卡耐基帮助学生们走出烦扰的例子还有很多，而且什么类型的人都有。这种苏格拉底式的教育方法，一个最典型的例子发生在约翰·阿尔伯特身上。

约翰是一名体格魁梧的建筑工人，在卡耐基的课堂上，他曾说出了自己的烦恼："半年前，我的身体出了一点毛病，工作做得越来越差，我一直担心自己会不会被解雇。到后来，我都怕听到老板叫我，总认为他是让我领工资走人，慢慢地我就失眠了，因为休息不好我的工作做得更差了。卡耐基先生，我该怎么办呢？"

"约翰先生，您认为自己的工作出现最坏的情况是什么？"卡耐基问。

"最坏的情况，就是被老板辞掉。没有工作，我们一家人吃饭都成了问题。"

"如果工作没有了，你还接受了这样的事实，接下来你会怎么做呢？"

"没有了工作，我只能再去找一份工作。我的身体已经康复了，又有力气又有技术，应该能找到工作。"约翰想了想说。

这时，卡耐基笑着问他："现在你还为你的工作烦恼吗？还会再失眠吗？"约翰恍然大悟，他对卡耐基深深地鞠了一躬。

接下来，卡耐基对他们的对话做了一个总结："对每个人来说，烦扰和忧郁都是毫无用处的。当我们面临一些压力的时候，就要用良好的心态去承受，然后再想办法解决遇到的问题。单靠这一两节课的学习，是无法消除你工作、生活中存在的烦恼的。我们只有靠自己，用一种坚强的心理素质面对一切。"这时，台下响起了一片热烈的掌声。

等掌声平息后，卡耐基又接着说道："我们现在所学的，是分享不同的人都是靠什么方法，从苦恼中解脱出来的，让我们听听下一位同学的故事。"

……

3. 名人效应

在卡耐基的课堂上，每个人都能体会到一种轻松和风趣。卡耐基以生活中和书本里见到的一些趣事为例，来阐述他要教给大家的道理。所以卡耐基的每个学生，都对他的教学给予很高的评价。

有位学生曾说："在课堂上，卡耐基先生非常尊重和信任我们，而且他很善于处理学生遇到尴尬时的情景。这让我们轻松和自在，所以大家都愿意配合他说出心中的烦恼。"

其实，卡耐基不仅仅希望学生们在课堂上有这种轻松的感觉，他更希望学生在生活和工作中也能保持这种状态。为了能让学生们明白身心轻松的重要性，卡耐基举了一位著名小说家的例子：

英国著名小说家、诗人约瑟夫·鲁德亚德·吉卜林，在和恋人卡洛琳·巴雷西狄亚结婚后，准备在巴黎修建一座豪华的别墅。吉卜林找到了巴雷西狄亚的弟弟比提，从他手中买了一块土地。不过在购买时，比提提了一个条件，这块土地中的牧草场归他所有，吉卜林答应了。

一天，比提来到牧草场收割牧草，发现牧草场中有一小块地被改成了花园，他去找吉卜林理论，结果两人闹得不欢而散。

几天以后，吉卜林骑车外出，在路上，被赶马车来牧草场的比提无意间擦伤了。吉卜林立刻火冒三丈，和比提吵了起来，最后这件事竟然闹上了法庭。所有人都没有关心这件事谁对谁错，却都对吉卜林的人品提出了质疑，这位大作家作品的欢迎度也因此出现了一个低谷。

"从这件事我们可以看出，不能保持一个轻松的心情，在伤害他人的同时，也会对自己造成更大的危害。"卡耐基在故事结束后总结道。

无论是在课堂上，还是在生活中看到或听到的故事，卡耐基都会用心整理。因为他发现，从这些故事中总结经验，能找到很多人生的规律，借此让自己的课程变得更加丰富多彩。

在教学的过程中，卡耐基发现，在学生中普遍存在一个问题：绝大多数没有上过大学的人都认为，未读大学是他们发展事业的最大障碍。

为了解决这一问题，卡耐基给学生们讲了一个小学没毕业的人，通过自己的努力，最终成了伟大政治家的故事：

有一个小男孩，家里非常贫困，他父亲去世的时候，连棺材都是邻居凑钱帮忙买的。之后，母亲带着他艰难地生活着。上了两年小学后，因为家境贫困，他不得不退学去打工，每天都要工作十个小时以上。

在这种困境中长大的他，因为参加了一次话剧演出，逐渐迷上了演讲。为了能够把演讲做好，他开始重新拿起书本自学。靠着坚毅的精神，他的演讲越来越优秀。30岁的时候，他参加了纽约州的议员选举，靠着出色的演讲，成为了纽约州的一位议员。

但因为文化水平低，在工作中遇到了很多困难。当他阅读到关于经济和政治的复杂资料时，感觉就像是在看天书一样。这让他感觉烦闷不已，有时甚至想辞职不干了。后来，他的母亲知道了这件事，鼓励他勇敢地面对困难，从现在起发奋读书，去弥补自己的不足。在母亲的开导下，他下定决心，每天学习五个小时，仔细钻研与工作有关的资料。

通过不懈的努力，他最终成了一位政界要人，后来被《纽约时报》评为最受欢迎的议员之一。这个小学没毕业的孩子，就是威尔·史密斯。

故事讲完后，卡耐基开始了点评："我们从史密斯先生身上能学到什么呢？史密斯虽然小学没毕业，但他并没有因此而抱怨。他毅然通过自己的努力，把以前丢掉的东西全部捡了起来。"

说到这里，卡耐基给了学生们一个忠告："或许我们当中，有很多人都没有上过大学，但是我们没有必要因此而悲伤。过去的事情是改变不了的，我们能做的是把握现在，计划未来。只要你从现在下决心开始改变，什么缺陷我们都能弥补过来。"

在为学生解决问题的时候，卡耐基也萌生了写教材的想法。他深有感触地说："我所教的这些学生，大部分是一些社会普通民众。销售员、会计师、工程师、技术员等各色各样的工作人员，在他们身上，都存在着不同程度的问题。我尝试着写一本教材，把在教学过程中遇到的一些普遍的、具有代表性的问题列出来，然后教给大家该怎样解决。"

在青年会夜校讲课的过程中，卡耐基研究出来很多方法，让这些面临困难的年轻人，逐步适应、战胜困难，其中最有效的一个办法，就是利用名人事例来激励他们。有这些伟人们做榜样，他们都对战胜困难充满了信心。

帮助学生们走出困境，卡耐基提出的方法是成功的、有效的。我们在生活和工作的过程中，都会遇到不同程度的烦恼。这时，我们需要做的不是灰心和沮丧，而是要静下心来，思考解决办法，带着自信去战胜遇到的每一个困难。

4. 学习演讲之道

随着教学时间的增加，卡耐基也收获了很多。在传授演讲技巧的过程中，他总结出一套很实用的方法，来激励人们逐渐喜欢上演讲。卡耐基创作的"自我分析与暴露"的教学方法，很快得到学生们的认可。

不仅老学生对卡耐基的教学方式非常满意，就连只听过他一两节课的新学生，也都非常尊敬和喜欢他。卡耐基的成功也给青年会带来了很高的经济效益，他既稳定住了老学生，又吸引了很多新学生，同时还有一批潜在的学生积极地来到青年会报名。

青年会主任见卡耐基为青年会带来无数的学生，他既高兴又羡慕，想让卡耐基为夜校里的其他老师分享他的教学方法。

一天，主任让青年会所有的教师来办公室开会，等大家都坐好后，主任说道："我们大家都知道，最近这一段时间，卡耐基先生的教学取得了很好的成效。不仅是在我们学校，在社会上也有一定的知名度。现在，越来越多的学生都希望去听他的课程。那么，我们欢迎卡耐基先生给我们讲讲，他是用什么方法做到这一点的呢？大家欢迎。"

在大家的掌声中，卡耐基缓缓地站了起来，他微笑着说："其实我也没有用什么特别的方法，只是让听我课的学生们，从回忆自己日常生活中的一些小事出发。比如：儿时的经历，让他们十分生气的事等等。通过这些他们直接经历过的事，可以引起学生们自发地思考，从而让他们有话可说，然后逐渐把他们的演讲潜力开发引导出来……"

卡耐基讲完以后，发现有很多教师还是一脸茫然的样子，他又重新用简洁的语言总结了一下自己的讲话："当我让学生倾诉自己的过去时，一般人都会有很多话要说。他们在倾诉的同时，心灵深处的障碍就被打破了。障碍打破后，他们只需要认真学习语言表达的基本功，慢慢地就学会了演讲。而他们在打破心理障碍的时候，与我的距离也会被拉近很多，所以他们才会喜欢来听我的课。"

能够在演讲上取得那么大的成功，连卡耐基自己也没有想到。社会上一批又一批的年轻人，来到青年会听他的课程。有的学生每周从一百多里外赶到青年会，仅仅是为了听他一节课。

学生的急剧增加，也让卡耐基的生活有了很大的改善，因为他的工资是靠学生的多少来提成的。半年的时间里，卡耐基每节课的收入，从最开始的一美元增加到了现在的二十多美元。经历过辛酸与痛苦，卡耐基终于迎来了自己的春天：他开始变得富裕了！

成为青年会的名牌讲师后，卡耐基常常会想起鼓励自己追寻梦想的那位老先生，内心充满感激之情。因为他现在不仅有了一份收入很高的工作，而且还可以安心地在自己的公寓里写作。

每天在公寓里，卡耐基都会把自己演讲的心得，以及生活中发生的一些趣事记录下来，并进行详细地总结，然后制作成小册子。这些小册子，成为他日后著作的主要来源之一。小册子里最早记录的是关于如何演讲的问题。在演讲过程中，一定要注意四个要点：

第一，演讲前，要让每一个学生，都处于一种自由轻松的氛围中。因为只有这样，他们才会对演讲有信心，而自信心是参加演讲最基本的素质。

第二，对于演讲的主题，学生要有切实的知识和感情认知。如果演讲者对自己要讲的主题没有正确深刻的认知，就可能会在演讲的时候突然卡壳，不知道应该怎么说下去，这样演讲也就失败了。

第三，不要选那些存在局限的题材，特别是自己不擅长或有认识局限的问题，因为它会让自己的演讲变得很僵硬。自己都认不清的事物，是不可以拿出来跟大众分享的。

第四，就是要不断地提升自己的思想高度。如果一个演讲者的认知很低，那么他的演讲就会限制在一个很狭小的范围里，而且很难取得进展和突破。

当卡耐基把这些体会一点点记录下来的时候，眼前就会浮现出很多人。他的文学创作过程，就好像是在跟学生面对面地讲课，他深深地迷恋在里面。有时候把手中的纸全写完了，他站起来走到窗前，发现天已经亮了。

看着外面升起的太阳，卡耐基很想到公园里去散步。迎着初升的朝阳，那是一种很惬意的感觉。他从公寓里出来，遇到了牵着波士顿斗牛犬的房东。房东热情地和卡耐基打招呼，在卡耐基的要求下，他同意让卡耐基带着自己的宠物，一起到公园里去散步。

卡耐基很喜欢让宠物跟着他走，就像是在农场里时一样。自己走到哪里，宠物就会跟到哪里。不像城里的先生太太们，给狗戴上链子，戴上口罩等防护措施。但卡耐基不知道，正是因为他的随意，一场小小的祸事正在等着他。

5. 增加思想深度

在公园里，卡耐基遇到一个骑着马的警察。那个警察看上去很威武，就像是中世纪的骑士一样。他看到卡耐基的宠物没有链子和防护措施，就大声地嚷道："你为什么让你的狗随便跑来跑去，既不带链子又不戴口罩，如果咬到人怎么办？"

听到警察的喊叫声，卡耐基从安逸的状态中惊醒过来，他意识到自己似乎犯了错误。

"你不知道这样做，是违法的行为吗？"警察来到卡耐基跟前说。

"哦，对不起！警察先生，我知道这样做有些不对。不过，我想这只小狗应该不会咬人吧。"

"应该不会？都像你这样想，那小狗岂不是满街跑了？"

"我知道错了，警察先生。这是我第一次在城市里遛狗，下次我一定记得把它拴好。"

看卡耐基的穿着像是一个读书人，再加上他这么诚恳地承认错误，警察决定放过他，"好吧，下次一定注意啊。"警察骑着马走了。

能够带着狗散步，好好放松一下，这对于忙碌了一晚上的卡耐基来说，是一件十分愉快的事。虽然被警察打扰了，卡耐基也不想这么着急回去，他带着小狗来到了另外一个公园。这个公园人很少，卡耐基想单独地享受一会儿这安静的时光。正在他坐在长椅上晒太阳时，又一个警察出现了。

警察走到他身边说："为什么你不用链子拴好你的狗呢？"

"对不起！警察先生。我知道错了，刚才有位警官已经警告我了，如果都像我一样，那街上的宠物就没法管理了。"卡耐基连忙站起身来说。

"哦，我知道早上起来都想带着自己的小狗出来玩玩，当然，也不想拴住它们。"警察温和地说。

"是啊，不过这是违法的。"卡耐基回答。

"哈哈，其实也不是什么大不了的事，你继续休息吧。"警察对这个明事理的年轻人充满好感，笑着转身走了。

警察走后，卡耐基一直在想，为什么后来这位警察一点儿也没有责备自己呢？仔细分析以后他发现，一般人都想把自己摆在一个重要的位置上，当他责备自己的时候，警察想要体现自己重要，就只能表现出一种宽容态度。而如果他去辩解的话，那么警察就要用威严来表现重要性，就像他遇到的第一个警察一样。

想到这里，卡耐基马上带着小狗回了公寓，他要把这一心得记录下来。其实，卡耐基的很多感悟都是从生活中得来的，他是一个有心人，每当遇到一些问题时，他都会慢慢地分析事情的本质，然后把它整理记录下来。

因为卡耐基不停地分析问题积累解决方案，他的思想越来越有深度，而他的课程也越来越受欢迎。在工作中，卡耐基表现出来的信心感染了周围每一个人，不管是朋友，还是同事，包括他的学生，只要跟他见过一面，马上就会变得很自信。

在纽约，有一个叫保罗·哈瑞斯的公司主管，他一直担心，自己在员工面前不能很好地去演讲。越是这么想，在演讲的时候，他的顾虑就越多，演讲的水平就更差了。到后来，他常常因为演讲不好受到同事或下属的耻笑。正在他苦恼的时候，一个朋友向他推荐了卡耐基的课程，他就尝试着去听了听，并按照课程中的要求去做。经过一段时间的学习，他的演讲水平有了很大进步。

有一次，在参加公司的年终聚会时，他没有准备稿子。会议上，公司老总突然让他总结一下，这一年他们公司的经济状况。保罗在没有做任何准备的情况下，即兴进行了十几分钟的演说，取得了很好的效果，很多同事和下属都投来了尊敬的目光，他的演讲终于在公司里得到了认可。

演讲之后，他很自信地说："其实，演讲并不像一般人想象的那么困难。学习过卡耐基先生的课程以后，我们都可以真正了解和认识演讲的本质，抓住演讲的重点，做一个有信心有吸引力的演讲者。"

卡耐基一边教学生演讲来为自己的写作提供素材，一边靠写作来提升自己演讲的思想深度，这让他的课程变得更有韵味和内涵。没过多久，卡耐基的名字开始被更多的人熟知。到后来，有很多上层社会的人都来参加了卡耐基的课程，并且非常喜欢他的演讲。

曾经有一位高级律师听过卡耐基的课程后，不由得赞叹道："我觉得，每个年轻人都应该抽时间来听听卡耐基先生的演讲课，他会让我们的思想产生一个巨大的变革。当你知道，可以在这么短的时间里，用区区几美元，就可以学到这么多有用的东西时，你会觉得，这简直是一个奇迹，一个你不敢相信的奇迹。"

6. 出版第一本书

虽然每一个听过卡耐基演讲的人，都在极力赞赏他的课程，但卡耐基也没有骄傲。在青年会夜校教学的过程中，他不停地改进自己的教学方法，而且每当有学生给他提出意见时，他都会仔细地记录下来，然后虚心地吸收这些提议。

随着演讲的成功，卡耐基的作家梦也在一点点地变成现实。演讲给卡耐基带来了很大的名气，在整个波士顿，只要提起卡耐基，所有人都知道他是一位著名的演讲师。很多年轻人都想要他出一本书，好满足他们随时随地学习卡耐基课程的愿望。

有一次，有几位同事和学生拉着卡耐基去吃饭。在饭桌上，一位学生问他："卡耐基老师，您为什么不把您的课程写成一本书呢？这样会更方便我们学习啊。"卡耐基笑着对他说："我正在写，而且马上就要写好了，估计在这两个月里，我的书就会出版了。"

听卡耐基这么说，学生和老师们都非常高兴，他们举起酒杯为卡耐基庆贺，希望他的书能早日出版。看到有那么多人支持自己，卡耐基非常欣慰，他的写作梦想终于要实现了。吃过饭后，卡耐基回到自己的公寓里，看着那本即将写完的书，他不禁开心地笑了。

1913年6月，在经历了一段时间的准备之后，卡耐基的书出版了。在一位作家格·依森威的帮助下，卡耐基完成了自己第一本书《公众演说的艺术》，这是一本主要针对公众该如何演讲所写的书。

在书中，他特别强调：演讲要充分利用自己的积极思想，要用实际行动去实践和学习。不管是发音还是手势，以及一些其他小细节，都要在演讲的时候正确运用。只有在演讲时自信、用心，才能使演讲达到最佳的效果。

有一位名叫拉尔夫的大夫，是一名出色的医生。不工作的时候，他喜欢去参加一些棒球活动。一次，他跟几个朋友一起去参加成人社团组织的棒球活动。棒球活动结束的时候，主持人突然请拉尔夫大夫上台，为大家讲解怎么样才能让我们的棒球运动员更健康。因为没有准备，拉尔夫的演讲十分糟糕。

在朋友的介绍下，拉尔夫参加了卡耐基的课程。经过几次训练之后，他不再因为紧张而在演讲时不知所措。他的自信心越来越强，短短两个月的学习，让这位不太会演讲的大夫，变成了一位演讲高手。

声音在演讲过程中，也具有很重要的作用。如果一个演讲者有着十分美妙的声音，那么他的演讲在很大的程度上就会取得成功。卡耐基在训练学生练习发声时，总是让他们读一些优美的诗歌。这样不仅可以练习他们的发音，还可以强化他们的心态。

每天上课前，卡耐基都会和学生们在教学里一起诵读抒情诗，让他们体会到声音的魅力。通过朗诵诗歌，很多学生们在练好演讲发音的同时，也真正爱上了演讲。

在《公众的演说艺术》一书中，除了讲一些理论知识外，还举了很多著名演讲家的演讲例子，并把他们的演讲稿也写在了书里。其中包括亨利的《新美国主义》，罗斯福的《美国人的母性》，威廉的《和平王子》。列举这些著名演讲家的例子有两个主要作用，一是为书中的理论提供有力的证据，二是给学生们提供一个实例去参考。

据卡耐基说，在写这些著名人物的演讲稿时，他自己也受到了很大的启发。其中写到布鲁安的演讲稿时，有这么一段内容对卡耐基带来了很大的影响：

"不管别人怎么看，只要有梦想，我们就应该努力地去追求。即便路程上布满荆棘，我们也要义无反顾地冲进去。只有这样，当我们老了，躺在床上快要闭上眼睛的时候，才不会留下遗憾，才不枉我们来世上走一遭！"

卡耐基看着这段话，想着自己的过去，对布鲁安大师充满敬意。这些演讲稿里的很多内容，都成了卡耐基的座右铭，让他在演讲的这条道路上走得更远、更高。

《公众演说的艺术》出版以后，很快就成了畅销书。很多公司的老板都要求每位员工必须买一本。而卡耐基也凭借这本书正式成为了一名作家，第一本书的热销，为他以后出版诸多畅销书奠定了基础。

从成为青年会的讲师后，卡耐基就变成了一个激情奋斗，永远不满足于现状的人。他一边继续改进教学积累经验，一边计划着写自己的第二本书。

卡耐基的书登上畅销榜以后，同事们为他举办了一个庆祝晚会。晚会上，青年会主任问他最近有什么新进展，卡耐基说："我正在计划写另一本书，一本关于演讲的改进版的书。我希望通过新书，让所有人都能够成为一名优秀的演讲家。"

第五章　新的起点

1. 不安于现状

由于卡耐基课程受到了大家的一致追捧，所以青年会夜校为他安排了非常多的课程。这不仅让卡耐基整晚都十分忙碌，白天他也需要一直为自己的课程做准备。虽然每天都过得有些辛苦，但他还是很开心。

关于工作，卡耐基一直记得奥斯勒说过的一句话：我们生活中最重要的事情就是事业，为自己喜欢的事业而工作，所有的困难都是动力，所有的辛苦都是乐趣。对于卡耐基来说，他的事业就是卡耐基课程，他的工作就是教导学生们学会演讲。

过了一段时间，卡耐基觉得自己能够做得更好。他认为课程不能一直使用那些被公众所熟知的方法，而应该进一步改善。把所有的教学方法综合整理一下，归纳出一个清晰的、健全的教育体系。

想到这里，卡耐基决定停几天的课，回到自己的公寓里，整理自己过去使用过的教学方法。然后重新定制了一个课程表，卡耐基准备开始一段新的旅程，再次提高自己的教学水平。

可是，卡耐基没有想到，停课以后，学生们不满了。虽然他在停课前也解释了原因，但还是有很多学生不能理解。到后来，有几个学生闹到了青年会新领导那里，他们说自己交了钱却见不到卡耐基，这事儿要给个说法。

新领导是一个中年妇女，看到学生们不停地来告状，她根本不问卡耐基是怎么想的，只是把他叫过来，狠狠地批评了一顿："卡耐基先生，我不管你以前多么受欢迎。但是，学校的规矩你一定要遵守，停课会引起很多学生的不满，这你不知道吗？别以为有人喜欢听你的课，你就觉得自己有多了不起，如果以后你再让学生们不满意，我会让你永远离开这里，听懂了吗？"

卡耐基平静地点了点头，对于女领导说的这个问题，他从来没有担心过。因为他知道问题出在哪里，也知道该怎样解决。只是他感觉很糟糕，自己并不是因为懒惰才停课的，而是为了改进课程才这么做的。为什么有些学生就是不能理解他，为什么那位女领导也不能理解他？

就在卡耐基备感困惑的时候，他收到了曾经一位学生寄来的一封信。这是卡耐基教学的方法之一，他让学生们把一些问题或感悟写信寄给自己，好让大家共同进步。寄信的学生叫伊丽莎白·维尔，她在信中写道：

"尊敬的卡耐基先生，我想和您分享一个我自己的真实故事。

"一年前，我接到了部队打来的一个电话，说我的弟弟在执行任务时失踪了。那几天我寝食难安地等着，谁知道没过多久，部队又给我打来了电话，说他已经阵亡了，我一下就昏了过去。醒来以后，我就一直处于无比悲伤的状态。

"在这件事发生以前，我感觉命运对我还是很不错的。有一份固定而且收入也很好的工作，把相依为命的弟弟抚养长大，然后他也实现了自己的愿望，顺利地进入了部队。我们都在自己喜欢的事业上努力着，所有的事情都是那么美好……

"可弟弟去世的消息，让一切都变得黯然失色了。后来，我悲伤过度，决定放弃工作离开家乡。我在家里收拾行李的时候，无意间看到了一封信，这封信是几年前弟弟寄给我的，那时，我的丈夫刚刚去世。

"弟弟在信上说：'他的去世，给我们都带来了巨大的痛苦，

戴尔·卡耐基传

但你一定要坚强地渡过这一关。我记得在小时候你就常常教育我，所有的不幸都是暂时的，只要我们走过这条坎，时间会慢慢地抚平我们的伤口。无论在什么地方，只要遇到困难，我都会想起你说的这些话。现在，我把这些话送给你，勇敢地去面对生活吧。'

"我把那封信读了一遍又一遍，感觉弟弟就像在我身边对我说话一样。

"那封信给了我极大地鼓舞，顿时我觉得人生又有意义了，我重新回到了工作岗位，而且不再冷淡地对待周围的人。我在心里一再地告诉自己：'既然事情已经发生了，我没有能力去改变它，只有勇敢地接受和面对它。'后来，我参加了一些旅游社团，想在旅游的过程中找出新的兴趣，认识新的朋友。

"我几乎不敢相信，在接下来的时间里，我身上发生的种种变化。我不仅没有再为过去的事悲伤，而且生活得比以前更加快乐和坚强，好像自己又得到了新的成长。"

读完伊丽莎白的信，卡耐基不由得感叹道："伊丽莎白的这段励志的经历，值得我们所有人学习。覆水难收的道理大家都懂，但是真正做到不为它烦恼的人能有几个呢？其实，事物本身并不能让我们快乐或烦恼，我们内心对这些事物的想法和态度才是决定因素。"

这时，卡耐基细细思考了一下自己的处境。对于金钱他已经没有过高的要求了，而对于工作，只要自己一直力求上进，肯定能够得到一个好结果。

2. 丢掉工作

对于自己现在的工作，卡耐基还是非常满意的。他不想因为对课程的改革，导致自己丢掉这么一个"金饭碗"。仔细考虑过以后，卡耐基觉得不用那么着急发展自己的事业，可以先稳固一下，在大家彻底适应以后，再一点点地改革。计划稳步发展的卡耐基怎么也没有想到，自己仅仅是因为在一节课堂上出了点问题，就被青年会的女领导开除了。

那一天，卡耐基为一班新生讲课。他还像平时一样，准备先让他们克服对演讲的恐惧。

"很多人对演讲都存在一种恐惧，我们怎样才能克服这种恐惧呢？"卡耐基在台上自如地讲着课，"或许我们有人也考虑过这个问题，也尝试过很多方法。今天，我告诉在座的各位，绝大多数的方法只能让你暂时脱离恐惧，而有一种方法却能让你永远克服它：去做令你恐惧的事。"

接着，卡耐基又诙谐地说："当然，这个'招式'对死亡不管用。研究表明，所有的生物对死亡的恐惧是绝对的……"关于人们对演讲的恐惧心理，卡耐基有很深的研究，而且也做过很多类似的演讲，所以他能很娴熟地在台上讲着如何克服恐惧的理论。

平时，台下的学生都会老实地听讲，但今天却出了一个意外，有位看上去很时髦的青年学生突然打断了卡耐基的演讲，他说："卡耐基老师，我们掏钱来这里，不是来听你给我们上心理课的。你不好好地教给我们该怎样演讲，尽说些没用的东西，你这不是在浪费我们的时间吗？"

青年学生说完，班里的其他学生也都吵闹起来。这些学生大多数都是年轻人，他们本身就具有一定的反抗色彩，而且全部是新生，对卡耐基也没有一种尊敬的心态。现在有学生带头，他们马上开始跟着起哄。看着台下乱哄哄的学生，卡耐基一时间也不知道该怎样做，他们才会安静下来。

而这时候，那位青年会的女领导刚好经过这里，她听到教室里嘈杂的声音，便走了进去。看到台下那些起哄的学生和台上呆站着的卡耐基，她非常生气地宣布，那一天的课程立刻结束，让卡耐基跟着她到办公室里。

在办公室里，卡耐基认错道："对不起夫人，我没有考虑到学生们的感受，才会发生了今天这种事，我知道接下来我该怎么做了。"其实，卡耐基确实已经想出了应对这些新生的办法了。

可没想到，女领导直截了当地说："卡耐基先生，最近这一段时间您的种种行为，已经让我们无法忍受。我也不想再多说什么，一会儿把工资结了，您以后不用再来了。"

卡耐基怎么也没有料到，事情会发展成这样。他在那里默默地站了一会儿，看女领导也没有挽回的意思，只能转身走出了办公室。

回到自己的公寓，卡耐基并没有感觉有多失落。其实，在前一段时间，他本来就想离开青年会。因为青年会的各种规矩，限制了他的课程发展。后来由于考虑到经济问题，他才决定留下来。然而，却得到这样一个结局。

既然这种不幸的事已经发生，卡耐基也只有接受事实。他把教给学生克服困境的那些方法，一一运用在自己身上。卡耐基躺在床上，闭上眼睛，开始内心的一问一答。

"为什么我的讲课方式会不受欢迎？是课程有问题，还是我有问题？青年会为什么会辞退我，我陷入困境了吗，接下来该怎么办呢？"卡耐基把遇到的问题一一整理出来。

经过仔细考虑后，他又在内心给出了答案，"不，我并没有失败。从以前学生们的反应看，我的课程还是很受欢迎的。通过我的课程，学生们都学会了演讲。今天晚上只是一个很特殊的情况，如果这些新学生多听自己几节课，一定也会爱上自己的课程。至于青年会，那位新领导不了解我，这两次的学生们的闹剧，让她以为我变得骄傲了，才决定把我辞了。"想完这些，卡耐基的心里开朗多了。

还有一件事值得反思，那就是为什么会出现新生闹课堂这件事，"对于新生，我不能一味地遵循老套路。如果在第一节课上不能抓住他们的内心，他们会产生排斥感。如果是脾气急躁一点的人，很有可能直接在课堂上闹起来，就像今晚一样。第一节课，我更应该把心思放在学生的身上，而不是在讲台上给他们上理论课。"

这时，卡耐基拿过来记事本和笔，开始把这些心得全部记录下来。

"其实被辞退了我也不用烦恼，这正好是我开创新事业的起点。现在我可以全身心地为自己的新书做准备，我要写出一本完整的教材来，让成年人可以根据教材自行学习怎样演讲和克服困难。"

整整一个晚上，卡耐基都没有休息，他不停地写心得和未来的规划，直到天亮的时候，才躺在床上休息了一会儿。

3. 新事业

到了中午，卡耐基把新教材的提纲列了一下，他准备在教材的开头先写一篇关于烦恼的文章，好让读者对生活中的烦恼有更清晰的认识。为了搜集写作资料，他来到了青年会附近的一家公共图书馆。

在图书馆里，他先翻看了一些著名历史人物的传记。这是卡耐基的一个习惯，只要来到图书馆里，他一定会先看名人传记，希望能从这些传奇人物身上学得一些感悟。翻看这些名人传记时，卡耐基看到了很多关于名人的趣事：

美国的第一任总统乔治·华盛顿，要求别人称呼自己的时候，一定要加上"总统阁下"这几个字；意大利著名航海家克里斯托弗·哥伦布，是为了得到"印度海军总督"的头衔才出海的；法国浪漫主义诗人维克多·雨果，想让巴黎改为自己的名字，他觉得其他的城市不能够显示出他的身份……

原本卡耐基只是把这些名人事例当故事看，但当看到关于林肯的传记时，他被林肯的思想和心态深深地触动了。无论是谁，做了什么样的事，林肯从来不会尖刻地去斥责，他知道一味地批评是毫无用处的，出现问题之后，最主要的是先找到解决办法。对于别人所犯的错误，只要我们耐心地引导，他肯定会改正的。

翻看林肯的传记时，卡耐基掏出了纸和笔，读到精彩之处，他就会记录下来。林肯的故事对他很有帮助，至少证明了他昨天晚上的做法是明智的：没有去抱怨新学生和领导，而是思考自己接下来该怎么做。而且，林肯的故事还让卡耐基得到了一个有力的证据，让他更容易说服别人，不能随便斥责别人。

看完名人传记后，卡耐基开始寻找有关烦恼的资料。在找资料的过程中，卡耐基又发现了一个有趣的事情。在图书馆的索引目录上，他找到了关于烦恼的书籍，约有20册。他又顺着索引找了一会，无意间发现了"昆虫"这一条目，接着下面全是关于昆虫的书籍，大概有二三百册。

这真是不可思议！卡耐基心想，比起"烦恼"，人们似乎更加愿意去关注"昆虫"。虽然每个人都会面临"烦恼"，但却没有人愿意去研究它。如果有人能找到帮别人解决"烦恼"的方法，那么他岂不是会很受欢迎？对啊！自己就可以专门开设一个课程或写一本书，来帮助人们解决烦恼啊！卡耐基为这个新想法感到兴奋不已。

凭着他这两年来的教学经验，他完全可以把解决烦恼的方法编成一系列的课程，然后传授给人们，让他们在生活、工作中运用这些方法，这样岂不是可以创造出自己的新事业了吗？卡耐基高兴地抱着资料，准备回去详细计划一下。

从公共图书馆里出来，卡耐基听到身后有人在喊他。扭过头来，卡耐基看见有位年轻女孩走了过来，虽然有些面熟，但他想不起来是谁了。

女孩走过来，热情地对卡耐基说："您对我有印象吗？我叫米莎，前天晚上，我向你要了一本《金玉良言》，您还记得吗？"

"哦，想起来了，你现在做什么呢？"卡耐基随口问道。

"我是一名推销员，现在正准备推销你的《金玉良言》课程。今天早上，我去青年会找您，谁知道他们竟然把您给辞掉了，那一群家伙真是愚蠢。"米莎有些愤怒地回答。

卡耐基笑着说："没关系，我正准备编写一套新的课程，等课程写好后，我会在最近这几家高校里申请试讲。"米莎吃惊地说："您又有新课程了？真是了不起。不过，我认为您不应该去高校里试讲，难道您没有想过，自己成立一个公司吗？这样，您就可以不受学校的限制，随意发挥自己的才能了。"

对于米莎的建议，卡耐基也曾想过，可是开公司也有很多问题，其中一个，就是要有人合作。"公司需要很多人支持，我一个人怎么开呢？"卡耐基把心中的顾虑说了出来。

"这您不用担心，我想如果是您开公司，一定会有很多人乐意和您合作的。以前从您那里毕业的学生，肯定有人愿意回来做老师的。我还可以叫来几个同事，一起帮忙来推销卡耐基课程。"米莎信心满满地说。

两个人一路走着聊着，一会儿来到了卡耐基的住所，他们在公寓里商量了一个下午。最终卡耐基决定，成立自己的公司，教育人们怎样演说、解决烦恼以及与别人相处。在宾夕法尼亚大学租几间教室开设"卡耐基课程"，同时培养一部分学生来做助手。而米莎负责在波士顿推销"卡耐基课程"。

公司成立以后，在卡耐基良好声誉的影响下，无论是找教师还是推销课程都进行得非常顺利。半个月之后，卡耐基的事业开始走向正轨。他开设的课程一共14节，从每天下午6点到晚上10点，内容包括摆脱烦恼、激情演讲等等。卡耐基把人在生活中要充满自信和欢乐的自我教育完美地融入到了课程里。

4. 建立自信

　　卡耐基的新课程里仍然把自信的培养放在了第一位，因为社会上的很多人的自信都被压力消磨得一干二净了，没有了自信，做起事来会受到很多不必要的束缚。卡耐基告诉学生们，一个人必须感觉自己会成功他才能成功。所以在进行新生的培养时，每位老师都要努力让学生们在发表演讲时产生成就感，然后逐步培养他们的自信。

　　培养自信的一个重要理论基础是"自我暗示"，在古时候也被称为"自我催眠"。首次提出这一词语的是位心理学家——爱摩尔·克乌尔。克乌尔认为，我们每个人都经常会在内心里进行"自我交谈"，这也是我们对一个书屋的看法和指导行动的基础和来源。

　　如果一个人在心里经常想"我是一个没用的人"，那么他就什么也做不成，在自我否定以后，从心态到行动都会慢慢地趋于这个想法，最终他会成为一个完全没用的人。

　　反过来说，如果一个人认为"我很聪明，运气也很好，做什么都能成功"，那么他就会越来越开朗，即使遇到一些小困难也不会放在心上，他的成功也是必然的。

　　所以每当有学生准备发表演讲前，卡耐基都会告诉他们，一定要做一段自我激励的"精神对话"。而且要一直记得把这一方法运用到生活和工作中去，在做报告的时候，告诉自己"我的报告写得很优秀"；推销东西的时候，告诉自己"买主一定买我的东西"；

去要求领导加薪的时候，告诉自己"领导会同意我的要求的"。

这种建立自信的方法以前也出现过，美国心理学家爱德华·桑代克曾经提出过一个理论——操作制约，讲的是，人在表现好的时候不断嘉奖，来强化他这种感觉；而人在表现差的时候不做理会，让这种坏习惯渐渐变弱最后消失。

运用这一理论，卡耐基课程收到了非常好的成效，称赞和奖励让很多学生的生活态度渐渐转向了积极肯定的一面。

在卡耐基培训班里，课堂上的大多数时间都是交给学生，每节课每位学生都有一次发言的机会。老师从来不在讲台上做长篇大套的理论课讲解，而是通过短短几分钟的时间，为大家介绍一个讨论话题。然后根据这一话题，在老师的引导下开始发言。发言结束后，老师再对他们一一点评。

有的时候，课堂上也会让一些学生准备演讲，演讲以发生在学生身上的实事为基础。因为这可以让演讲的学生有更好的发挥余地，以及更深刻的感悟，而且老师可以通过这些真实的故事更好地了解学生，然后给予指点。在台下听讲的学生，也可以从演讲者的故事中看出他有什么样的变化，为自己以后的转变提供了一定的参考。

课堂上，学生们不停地发言和演讲，老师从每一位学生的谈话中，找出他们的优点给予表扬。如果实在有需要改正的重大毛病，老师也只会给出一个正确的参考，然后让学生们自己慢慢地体会、改正。

在这种温馨的氛围里，每一位受到鼓励的学生都开始大胆地发言、演讲。

想要所有的班级都达到这种环境，对老师的要求就非常高了。因为他们在课堂上不再是一位真正的教师，而是一种催化剂，来调和学生们的演讲心态，让他们以一种健康的方式成长。为了让卡耐基课程做得更加优秀，有时候卡耐基也会给这些老师们上课，提高他们的讲评能力。

有一次在开会的时候，卡耐基告诉老师们，夸赞比提醒的效果要好得多，他还举了一个例子。

"几天前，我在一节课堂上听学生玛莉演讲。她的演讲内容听上去很有趣，而且整个事件的连贯性非常好。但是她在说话的时候，语气非常生硬，没有一点活力，她的动作也很拘束，显然是有些紧张。这时候我们应该怎么评论她呢？"

"我提供两种方法，在座的各位听听有什么区别。一种是：'玛莉，你演讲得很好，如果你能再放松一点，那你的演讲会更好。'另一种是：'同学们，玛莉的演讲又有进步了，她已经一点点地克服了紧张，开始会用手势了。'这两种评论会带来什么样的效果呢？"

坐在卡耐基旁边的一位年轻老师站起来说："第二种要比第一种评论听上去亲切多了。"

卡耐基微笑着对他说："是的，第一种是提醒，也就是告诉她，其实她做得并不是太好。这种评论会让她产生一种自卑心理。更重要的是，这会让她感觉自己的演讲很差劲，以后也就更加惧怕演讲了。而第二种是赞扬，里面只表述了她的演讲很好，而且她还可以做得更好，这会给她带来一种成就感，她对待演讲的态度也会更加积极。"

最后，卡耐基总结道："对于学生的发言，我们要想方设法地给予肯定，然后再在肯定的基础上进行加强。做到这一点，才是一名合格的老师。"

5. 优秀的领导者

在新推的课程里，卡耐基一直很重视对领导能力的研究。因为来听课的学生里，有一半以上都是经理、主管、董事长等公司领导人员，而且，现在的卡耐基自身也是一位领导，他需要学习最佳的办法来管理自己的公司。

讲到该如何成为一名优秀的领导者时，卡耐基在黑板上写了几个字"四大原则"。他告诉听课的学生们，自己接下来会依次写出四个原则，然后等学生来用自己生活中的实例来解释它们。

第一原则，在做一样工作的时候，把与工作无关的所有东西全部收拾起来。

卡耐基刚写完，学生杰克·威利斯站了起来，他说："关于这一原则，我深有感触。以前我工作的时候，我会把所有没完成的事情都摆在办公桌上，等待回复的信件、正在准备的报告、没有阅读完的文件……每次一来到办公室，我都会觉得：事情太多了，时间根本不够用。慢慢地我感到了疲倦，有时坐在办公桌前，什么也不想干，盯着一堆杂乱的事务发呆。但是，一件事情改变了我的现状。"说到这里，杰克显得有些兴奋。

"有一次，我和一个报社编辑谈生意，无意中那位编辑提到，他在清理自己的办公桌时，找到了一块两年前丢失的手表。他的话提醒了我，我是不是也应该收拾一下自己的办公桌，让自己清净一下。"这时，卡耐基脸上露出了赞赏的表情，示意杰克继续讲下去。

"回办公室以后，我就把所有的东西整理了一下，只把现在工作需要的东西留下。于是奇迹出现了，我的工作效率提高了，而且找回了刚开始工作时的那种激情。"

杰克讲完后，卡耐基点评道："杰克先生说得非常好，他的事例充分展示了第一原则的重要性。我们需要专心地去做一件事，这样才不会被众多的事务压得透不过气来。"

点评完后，卡耐基接着说："这一原则非常重要，在这里，我也有一个故事要和大家分享。是一位精神病医生汤姆·达尔特告诉我的真实故事。"

"有一位公司的总经理乔治感觉有些神经衰弱，他来到医院向汤姆求医。他们刚开始交谈，旁边的电话铃响了，汤姆医生接了一会儿电话。刚把电话放下，汤姆兜里的手机又响了，他抱歉地看了看乔治，拿起了手机……"

说到这里，卡耐基突然问学生们："你们知道这时乔治是怎么想的吗？"

学生们都一脸茫然地看着他，摇了摇头。卡耐基微笑着说："乔治似乎明白自己为什么会神经衰弱了，他转身离开了医院。等汤姆再看见他时，他的状态完全改变了，一副精神十足的模样。汤姆非常不解，后来，乔治告诉他：'以前，我的办公室里有三张办公桌，上面堆满了等待处理的文件，看着它们，我一点办公的心情也没有，最终患了神经衰弱。现在我只用了一张办公桌，一件一件地处理紧急事务，那堆积如山的文件，被我这样消灭了，我的病也好了。'这就是第一原则的作用。"

学生们在沉思的时候，卡耐基写出了第二原则：所有的公务，按照从急到缓的顺序处理。

为了说明第二原则，卡耐基引用了一个名人的故事：查尔斯·科赫，美国企业家、石油巨头以及超级富豪。每天早上起床以后，查尔斯都会认真地写下自己这一天的计划，先把所有紧急的事情都安排好，然后再把无关紧要的事情穿插在行程里。查尔斯从来没有落下过任何重要的事情，所以他的生意也没有出现过较大的变故。

卡耐基的故事刚讲完，有一位中年人站了起来，他要说说自己的故事。"我叫亚瑟·安东尼，是美国一家铁路公司的董事。每次召开董事会，我们都会浪费很多时间，把所有的议案都审理一遍。结果到最后也不知道用什么议案好，大家都带着一堆报告回家。后来，我们决定每次会议只审理一个议案，这个决定取得了很好的效果，我们的很多计划都能够顺利执行了。"

他停了停，自信地对卡耐基说："我也做了很长时间的领导了，对做领导也有一点心得，我想卡耐基先生要说的第三个原则，应该是遇到问题时，找出重点解决，不要拖延。"

卡耐基震惊地看着亚瑟，不由得赞叹道："真是了不起！亚瑟先生，您说的完全正确。那么接下来让我们说说第四原则：公司任务组织化、分层化、管理化。"

"我们都知道，把一件事放心地委托给别人是不容易的。但对于一个公司的领导来说，这又是必不可少的。经营一家公司，如果不能做到公司任务组织化、分层化、管理化，那么这个领导每天都会过得心力交瘁，毕竟一个人的力量是有限的……"

讲课的时候，卡耐基从来不会机械性地给学生们灌输一些理论知识，他总是让学生们在探讨的过程中，通过自身经历的事情，对这些理论知识有一个更深刻的理解。这种鼓励学生积极参与发言的讲课方式，让听课的每一位学生都得到了或多或少的启发。卡耐基课程在给学生们带来成功的同时，也给卡耐基带来了更大的成功。

6. 卡耐基课程

随着卡耐基的名气越来越响亮，卡耐基课程开始在美国盛行。纽约、华盛顿、费城、洛杉矶、旧金山等美国各大城市，都开设了卡耐基课程，而且受到人们的普遍欢迎。

这时，卡耐基逐渐有了很多社交应酬。为了能和别人更好地打交道，他开始研究怎样处理好人际关系。在研究的过程中，他无意间找到了一个交朋友的好办法：做一个热心的，对周围的一切真心感兴趣的人。他发现，一个人拥有热情以后，他一个月所交的朋友，比那些冷漠的人一年交的朋友还多。

于是卡耐基决定，让自己公司的人充满热情地去结交社会上的著名人物。他告诉自己公司的老师，给社会名人写信。在信中说，自己知道他们很忙，没有时间来学校做演讲，所以在信中提出一些问题，希望他们能回答自己。在每封信的下面，都要附上一百名学生的签名。

这一做法，取得了很好的成效。有很多著名的小说家、政治家、商人不仅愿意回答问题，而且纷纷亲自来到"卡耐基课堂"做演讲。提起这些事，卡耐基深有感触，他说："热情，让我们公司结交到了很多名人，他们的到来，为卡耐基课程增添了很多光彩。这些名人一个微笑、一个赞美都有着无比的说服力，为学生们提供了强大的榜样力量。"

在教学的过程中，卡耐基还不停地提示学生们注意，不要拿自己的学习成果和别人比。这一点非常重要，无论是家庭出身还是教育环境，人与人之间的差异都非常大。虽然大家现在都在同一个班级里学习，但因为根基不同，学习的收获也会不一样。想知道自己是否学到了东西，只能和受训前的自己相比较，这样才能防止学生产生己不如人的感觉。

所以，在学生报名学习卡耐基课程时，老师都会让学生写下自己的目标。然后老师会根据每个人的目标，制定出他们以后的学习课程，帮助他们达到这一目标。

在卡耐基的培训下，教授卡耐基课程的老师都拥有很娴熟的技巧，能够帮助学生们培养学习的兴趣，引导他们一步一步地朝着目标前进。上课时，学生的每一次发言，老师都要指出其中的优点以及有哪些进步，还要说明这样做对他的事业有什么影响。

如果学生参加卡耐基课程，是为了改善自己的人际关系。那么老师就需要从发言中，找出学生使用了哪些人际关系原则，这些原则对他的人际交往有什么好的影响。借此来提示学生，怎样说话才能达到他改善人际关系的目的。

如果学习的知识，不能实际地运用到工作和生活中去，那么卡耐基课程就不可能那么受欢迎了。辅导学生们把学到的知识运用到生活中的每一方面，是卡耐基课程老师们的最主要责任。在学习卡耐基课程期间，老师都要求学生们在课前、课间、课后时刻记得把学会的内容加以运用，然后在上课时交上实际运用报告。

卡耐基机构的副总裁格瑞·鲍丁曾说过："卡耐基课程的最主要原则，就是把简单易懂的方法运用到实际生活中去。它从来不会教给学生们复杂的心理学道理，而是直截了当地提出问题，解决问题，让学生们从中悟出一些道理，然后再把这些道理搬到自己的生活中去。"

虽然卡耐基对老师有很严格的要求，但是卡耐基课程绝对一点儿也不呆板。卡耐基只是为课程设立了一个宗旨：通过强化学生们的自信心，帮助他们达到目标。卡耐基坚持老师们应先帮助学生们完成内心的成长，至于使用什么样的方法，从来不会给予限制。所以卡耐基课程一直充满了趣味和新鲜感，吸引了越来越多的人参加。

有位美国心理学家仔细分析过卡耐基课程成功的原因：如果一个人能够常常自我肯定，认为自己是一个有价值的人，那么他就能很轻易地达到目标。而卡耐基课程最大的特点就是不停地鼓励学生，让他们相信自己。有了信心以后，就会爱上困难、爱上挑战，生活也会变得充满情趣。所以大家才会如此喜欢卡耐基课程。

离开青年会以后，卡耐基按照自己的意愿，建立了新的"卡耐基课程"。然后通过不断地深入研究和改进，逐渐确立了新课程的特色和训练方式。因为新课程明显的成效，卡耐基的影响力逐步遍及了整个美国，然后开始向世界蔓延。

虽然卡耐基算不上成人教育的先驱，但他创立的成人教育体系"卡耐基课程"是任何人也比不上的。通过多年的教育，他不断地尝试新的教学方法，不断地改进卡耐基课程的教学水平，为改善世界成人教育做出了巨大的贡献。

第六章 失败的婚姻

1. 好友汤姆斯

1916年，在公司人员的共同努力下，卡耐基把公司总部搬到了纽约，在纽约租下了一栋六层楼作为公司的办公楼，并命名为"卡耐基会馆"。从此，卡耐基拥有了自己的专用办公室，而他也开始使用一种新的拼音法来书写自己的姓氏。

当有人问起卡耐基改变姓氏拼法的原因时，他毫不隐讳地回答："我想为成立卡耐基会馆这一新的起点做个纪念，而且我也想借此表明，因循守旧不是我的教育风格，勇于创新、敢于突破才是卡耐基课程的真正理念。"

确实，卡耐基一直在不停地创新，为了能让新学生看到卡耐基课程带来的效果，他邀请了很多毕业生回校演讲。这也成了卡耐基课程的一大特色，很多准备报名的学生都会来听这些毕业生的演讲，看看卡耐基课程会让他们提升到什么地步。

因为卡耐基的不断推陈出新，卡耐基课程也变得越来越精彩，在吸引大量学生来听课的同时，也为卡耐基带来了难得的友情。卡耐基最好的朋友之一罗维尔·汤姆斯，就是在这一时期认识他的。

罗维尔是普林斯顿大学的一名讲师，在暑假的时候，受到同事的邀请来到普林斯顿的一家旅行俱乐部兼职。有一次，俱乐部的领导交给罗维尔一个任务：在俱乐部举办的晚会上，为他们的拉斯维加斯旅游做报告。

为了完成任务，罗维尔为报告做了细致的准备。在晚会上，罗维尔的激情演说取得了成功，同事纷纷前来祝贺。而就在这时，罗维尔接到了一封信，这封信是华盛顿的一位朋友寄来的。

当时美国内政部举办了一个"美国之旅"的活动，把活动的主要地点定在了拉斯维加斯。朋友邀请罗维尔去华盛顿，发表一篇以拉斯维加斯风景为主题的演说以配合这一活动。而且在朋友的推荐下，美国内政部长富兰克林·兰也给他寄来了一份邀请函，希望他能来华盛顿，为内政议员们介绍拉斯维加斯的风情。

仔细考虑之后，罗维尔接受了邀请。但他感觉以自己现在的演讲水平，还不能很好地完成这一任务。为了能够迅速提高演讲水平，罗维尔需要一位演讲大师的指导。经过筛选，他在卡耐基会馆找到了最合适的人——戴尔·卡耐基。

得知卡耐基公司总部搬到纽约，罗维尔来到了纽约。找到卡耐基会馆后，他并没有急着去拜访卡耐基，而是想看一看卡耐基的演讲水平。来到卡耐基的讲课教室，罗维尔一下就被卡耐基那睿智的语言和精炼的动作所吸引。

下课以后，罗维尔来到卡耐基面前，说明了自己的来意。看到眼前这位充满青春活力的年轻人，卡耐基同意帮助他。据卡耐基所说，他对罗维尔的第一印象非常好，凭直觉，他认为这个年轻人一定会成功，而且将来很有可能成为自己的合作伙伴。

然后，卡耐基领着罗维尔来到自己的办公室，他们开始详细讨论关于拉斯维加斯的演讲。在交谈的过程中，罗维尔给卡耐基留下了更加深刻的印象。卡耐基说："我们两人谈了整整一个下午，我认为罗维尔一定会取得成功。因为他身上已经具备一名优秀演讲师的所有条件：充满感染力的性格、无穷的激情、充沛的精力和丰富的学识。"

而那天下午的谈话，罗维尔也被卡耐基的做事风格深深地吸引了。卡耐基对演讲有着极大的热情和信心，而且他在看待问题时，能够做到既考虑周到又不拖泥带水，把所有的事情尽量趋于简单。罗维尔原来准备的演讲稿，需要三个小时才能说完，在卡耐基的指导下，时间减缩为半个小时，而风格和内容基本没变。

虽然有充分的训练和准备，罗维尔仍然为这次演讲紧张不已。去往华盛顿前，卡耐基不停地为他打气，说他是一名优秀的演讲师，这次演讲一定能取得成功。

到了演讲那一天，虽然刚开始的时候，罗维尔还是有些紧张，但随着演讲的进行，他慢慢地投入到了演讲的环境之中，表演越来越自然，而取得的演讲效果也是出乎意料地好。罗维尔清楚地记得当时的情景：

"在卡耐基先生的建议下，我把演讲的重点，放在了上次演讲中的高潮部分。演讲结束后，在场的所有人都站起来鼓掌。到后来，有很多内政议员来到台上和我握手……"

因为卡耐基的帮助，罗维尔的演讲获得了巨大的成功，"美国之旅"的主办单位还专门为他颁发了一个奖章，之后卡耐基和罗维尔就成了好朋友，两人一直在事业上互帮互助。

1917年，美国对德宣战。罗维尔在富兰克林的邀请下，带着一名摄影师去欧洲，报道第一次世界大战的战况。罗维尔的报道，逐渐成了美国人在电波里听到的最熟悉的声音。每当有人问到罗维尔的成功秘诀时，他都会说：我有一位好的人生导师——戴尔·卡耐基，在他的帮助下，我才一步一步地走到今天。

2. 两次合作

美国对德宣战后，卡耐基也决定参加战争，他认为这是比做自己的事业更有意义的事。随着卡耐基的离开，卡耐基课程也暂时停课了。他在部队里一直服役了18个月，直到战争结束。

从部队回来，卡耐基继续为自己的事业努力。然而在他回来的那段时间里，来参加卡耐基课程的人非常少，似乎战争把他的事业带走了。但卡耐基并不担心，只要人们从战争中恢复日常的生活以后，自己的事业一定会再度繁荣起来。就在卡耐基准备重新发展事业时，他的朋友罗维尔再次找到了他。

一天晚上，卡耐基收到了一份来自伦敦的电报。电报是罗维尔发出的，他告诉卡耐基自己正准备做一项新事业，希望卡耐基能加入到这一事业中来。

1919年，罗维尔从欧洲战场上回来时，带回了许多珍贵的战场资料和照片。他想利用手中的资料，策划一系列关于世界大战带来的残酷后果的演讲，让人们明白战争的可怕，也让卡耐基和他的名字重新被大家所熟知。

在电报里，罗维尔告诉卡耐基，他准备在两周内开始这一系列的演讲。接到电报后，卡耐基非常激动，马上给罗维尔回了电报，说自己会立刻赶往伦敦，与他一起策划这场演讲。

到达伦敦后，卡耐基马上投入到了紧张的准备工作中。在准备这场演讲时，他似乎又找到了工作的激情，写稿、练习演讲、组织场地，每天都在忘我地工作着。后来罗维尔回忆起那段工作经历，不由得感叹道："卡耐基对我们的演讲充满了信心，他身上好像有着永远耗不尽的精力，有时会整天整夜地趴在桌前修改着演讲稿和演讲计划。我们能在两周内开始演讲，这完全是他的功劳。"

演讲正式开始举行了，第一场演讲是由罗维尔担任演讲师，卡耐基担任后台的总负责人。他们两周的辛苦总算没有白费，第一场演讲取得了巨大的成功，所有的听众都被深深地感染了，《伦敦时报》还专门做了他们演讲的报道。

罗维尔非常高兴，演讲总算达到了预期效果。为此，他们还开了一个晚宴庆祝这一计划顺利进行。在宴会上，罗维尔端起一杯酒说："今天的成功，离不开卡耐基先生的支持，来，大家敬他一杯。"卡耐基谦虚地回道："今天的成功完全是因为大家的努力合作，为我们的友谊和事业，我建议大家共举一杯。"……

接下来的一系列演讲，卡耐基的工作一直非常繁重，但为自己心爱的事业工作，他一点儿也不觉得累。他一边筹划着新的演讲，一边对演讲一次次地改进，不断完善这一系列演讲的水平。

他们的演讲吸引了越来越多的观众，除了伦敦的市民外，有很多人都是从英国其他城市专门赶过来听演讲。在售票处，每天都排着很长的队，很多人为了听一场演讲，愿意排几个小时的队买票，到最后，甚至达到了一票难求的状态。

在伦敦的日子里，卡耐基每天都过着忙碌且充实的生活。三个月后，他们的演讲终于结束了，卡耐基带着成功的喜悦返回了美国。可在他刚回到美国的时候，罗维尔又给他发了一份电报，请求他返回伦敦。

在他们的演讲取得成功后，劳伦斯公司邀请罗维尔进行欧洲巡演。但罗维尔因为答应了孩子，全家一起去澳大利亚度假，不能参加巡演。他希望卡耐基能够代替自己，组织完成这次欧洲巡演。

面对朋友的盛情邀请，卡耐基毫不推脱，他马上带着自己还没来得及打开的行李，再一次来到伦敦。和劳伦斯公司接洽后，欧洲巡演便开始了。

在巡演的过程中，卡耐基发现，和劳伦斯公司合作完全不同于和罗维尔合作。在演讲场次和演讲时间上，劳伦斯公司都有严格的规定，卡耐基失去了全场掌控权。有时会出现演讲师不够分配的情况，为了完成演讲任务，他不得不起用一些学员或外聘一些演讲师。这导致演讲水平参差不齐，整场巡回演讲取得的效果非常差。

虽然卡耐基在尽力补救，可是巡回演讲还是失败了，由于听众越来越少，巡回演讲进行到一多半的时候，便草草地结束了。

巡演结束后，卡耐基一直很自责，感觉很对不起自己的好朋友。然而罗维尔却一点儿也没有在意，仍然把卡耐基作为自己最好的朋友，并经常劝卡耐基，把事情看开一些，这次失败不怨他，因为他已经尽力了。

事业上的失败，不仅没有破坏两人的友谊，反而让他们的关系更为紧密，巡演结束后，卡耐基经常到罗维尔家做客。罗维尔的孩子都清楚地记得，他们从澳大利亚度假回来后，经常有位和蔼的长者到他们家来，这位长者就是卡耐基。

3. 走入婚姻殿堂

巡回演讲失败以后，卡耐基失落地返回了纽约。虽然在罗维尔的安慰和信任下，他的烦恼减少了很多，但还是没有彻底恢复信心。在纽约继续发展自己的事业时，卡耐基偶尔就会表现出一种不自信的状态，所以他的事业一直没有大的起色。

一天，卡耐基的朋友赫蒙·克洛依来看望他。两人在谈话的时候，赫蒙发现卡耐基不再像以前那么自信了，而且往日的激情也不见了。仔细询问下，赫蒙才知道，卡耐基经历了一次严重的失败，而他似乎一直不能从失败的阴影中彻底解脱出来。赫蒙建议他到外地旅游一下，可以很好地缓解烦恼，让他的精神重新振奋起来。

卡耐基听从了朋友的建议，决定到国外旅行一次，最终他把旅行的地点定在了风景秀丽的瑞士。卡耐基没有想到，这一趟瑞士的旅行竟是如此浪漫，更没有想到，浪漫的瑞士之行为他以后的生活埋下了深深的隐患。

买好去瑞士的机票以后，卡耐基给在瑞士的朋友科迪纳打了电话，准备到瑞士以后，住在科迪纳家里。科迪纳是卡耐基以前教过的一个学生，科迪纳的妻子也是一位卡耐基教程的热情追随者。得知卡耐基要来他们家里，科迪纳夫妇都非常高兴。

当卡耐基来到伯尔尼后，科迪纳夫妇热情地将他接到了自己家中。吃过饭后，科迪纳对卡耐基说："卡耐基先生，知道您要来瑞士旅游，我们非常高兴。我和夫人为您制定了一个详细的瑞士旅游计划，只是有一个小小的请求，希望您旅游之后，能在伯尔尼举办一个小型演讲，让瑞士的卡耐基课程支持者能够学习一下。"卡耐基爽快地答应了。

经过几天的愉快旅游，卡耐基的状态慢慢地恢复过来。按照约定，卡耐基开始为伯尔尼的小型演讲会做准备了。两天以后，演讲会在伯尔尼的一所大学举行。消息发出去后，瑞士很多喜欢卡耐基课程的人纷纷来到伯尔尼，想亲身体会一下演讲大师的语言魅力。

演讲会那天，卡耐基看着教室里坐着满满的听众，内心非常高兴。虽然在欧洲的巡回演讲失败了，但他和他的课程还是深受大家欢迎的。

卡耐基的演讲只有十分钟，但这短短的十分钟，浓缩了他过去所有的经典思想。听众们被他这十分钟精彩绝伦的演讲折服了，在卡耐基演讲结束后，掌声久久不息。

演讲会计划是举办一个小时，卡耐基把剩余的时间都留给听众来提问问题。

第一个提出问题的是一位苗条美丽的金发女子，她问卡耐基："您好，卡耐基先生。我知道您的课程在美国非常受欢迎，但您和别的公司合作在欧洲举办巡回演讲时，为什么会失败呢？是您的能力不足，还是有别的特殊的原因？"

显然这个问题不太友善，因为这样指责别人的提问对别人很不尊重。然而卡耐基却面带微笑地回答说："无论我们能力有多强，也不可能永远不遭遇失败。虽然我在演讲方面小有成就，但有时候也会因为考虑不周而导致失败。在欧洲的那次巡回演讲，事情举行得太仓促，演讲整体水平下降，才让听众们失去了兴趣。这件事情，我的朋友罗维尔·汤姆斯已经清楚地回答过了。"

卡耐基没想到这位责难自己的女子，会成为自己的第一任妻子。

演讲会结束后，这位女子来到卡耐基面前，对他说："卡耐基先生，刚才多有冒犯，请您原谅。我叫罗丽塔·保卡瑞，很高兴认识您。"卡耐基礼貌地回应了一句，然后两人聊起天来。罗丽塔是法国人，她来瑞士也是为了旅游，听说卡耐基在瑞士举办课程，就顺便来听听。罗丽塔要走的时候，卡耐基邀请她一起去旅游，她愉快地答应了。

第二天，两人来到约定的地点，一起去参观伯尔尼的名胜。在接下来游玩的几天时间里，他们都对对方有了更进一步的了解。罗丽塔发现，自己已经渐渐喜欢上了这位善于言谈、充满热忱的男子了。而卡耐基也对身边这位美丽的女子产生了兴趣，他甚至认为两人的相遇，就是上帝的安排。

伯尔尼的旅游结束后，罗丽塔提议一起去日内瓦游玩，卡耐基立即答应下来。

来到日内瓦，他们刚好赶上了日内瓦一个节日。那天晚上，日内瓦的很多地方都举办了晚会。晚会的氛围相当温馨，有柔和的烛光，轻缓的音乐，卡耐基和罗丽塔开心地跳起了舞蹈。两人配合得非常好，像是一对相识已久的舞伴一样，周围的人都羡慕地看着这对恋人。舞蹈结束后，他们深情地吻在了一起。

在日内瓦旅行期间，两个人的恋情迅速发展。等到日内瓦旅行结束的时候，他们已经开始为结婚做准备了。卡耐基联系了一家教堂的神父，定好了结婚日期。

1922年8月16日，罗丽塔挽着卡耐基的手臂缓缓地走进了教堂。这时，卡耐基的心里被幸福包围，他觉得自己终于找到了一个精神依托。

4. 与妻子的不和

然而，卡耐基怎么也没有想到，他们的婚姻竟是一场不幸的开始。当他把妻子的婚纱掀开后，得到的第一句话不是甜蜜的祝福，而是一句质问："客人的小费你都给了吗？"顿时，卡耐基内心的幸福感消失无踪了。而且他似乎感觉到，这场婚姻不会有个好结果。

在度蜜月的时候，卡耐基和罗丽塔来到了法国凡尔赛。罗丽塔一直梦想结婚以后住在凡尔赛，但卡耐基想带着妻子回美国，因为他的事业和大多数的朋友都在美国。虽然和罗丽塔结婚以后，他内心失败的阴影彻底消失了，法国的美丽风光也很令他眷恋，但他并没有沉醉于此，总是很想念自己的故乡。卡耐基曾请求罗丽塔跟他回去，但罗丽塔坚决不同意，在她心里，凡尔赛才是她的梦想家园。既然罗丽塔不愿回去，卡耐基也只得留在法国。

正常的婚姻生活开始以后，卡耐基感觉他与罗丽塔渐渐地变得有些不和了。起初卡耐基是因为罗丽塔的贵族气质才喜欢上她的，结婚后，卡耐基发现，这是他们产生摩擦的根本原因。

罗丽塔出身贵族，所以她自视甚高，看不起周围的人。有时，她也看不起卡耐基的一些观念，常常会嘲笑卡耐基，这严重打击了卡耐基的自尊心，让卡耐基对婚姻逐渐产生了一种厌烦感。

但这时卡耐基还是对他们的婚姻抱有很大希望的。他感觉，可能是由于罗丽塔在家里养成了一定的小姐脾气，只要他们在一起过的时间长了，罗丽塔的脾气会慢慢变好的。

结婚后没多长时间，卡耐基开始追求自己的新事业了。因为不能回美国，卡耐基课程也就不能继续办下去，所以卡耐基开始转型写小说。凭借自己的写作根基，卡耐基相信他的小说创作事业肯定能够取得成功。

经过一段时间的准备，卡耐基开始了小说《暴风雨》的创作。然而家庭的不和睦，让他一直不能专心写作。他经常会卡在文章的某一段，连着好几天都不能继续下去。有时候，一篇文章他反复修改了几十次，也不能达到自己满意的效果。所以他的作品看上去平淡无奇，一点儿灵气也没有，这让他非常沮丧。

因为忙着小说的创作，卡耐基陪罗丽塔的时间变少了，罗丽塔对卡耐基也越来越不满了。罗丽塔很喜欢喝酒，如果喝酒的时候有卡耐基陪着，她便不会喝太多。但卡耐基开始写小说以后，很少再陪她去喝酒，她开始借酒撒气。每次一个人去喝酒时，罗丽塔就会喝得酩酊大醉，回家以后借着酒劲和卡耐基大吵大闹，还会摔碎家里的很多东西。

这时，卡耐基只能静静地坐在那里，任凭罗丽塔打骂。实在忍无可忍时，他会走出家门，到附近的公园里散散步。虽然已经结婚，但卡耐基的内心是孤独的，他一点也感觉不到家庭的温馨，原本设想的美好的婚姻生活并没有出现。

住在风景优美的凡尔赛，卡耐基却无心欣赏。在记事本里，卡耐基写道：在我家附近，有着世界上最大最美丽的公园，但是它不能改变我烦恼的心情。因为家庭的不和睦，这一切都变得黯然失色。

在这种压抑的生活环境下，半年时间过去了。罗丽塔的脾气并没有如卡耐基所料渐渐变好，相反，她的脾气比以前更坏了，甚至已经到了让人无法忍受的地步。有一次，她在喝过酒之后指着卡耐基说："你这个矮鼻梁、缺手指的废物，真是一点儿用处也没有。"差点把卡耐基气疯。

面对妻子的嘲讽，卡耐基一直隐忍着，他把自己的心思都放到了写作上。很快，他的小说《暴风雨》在这种恶劣的家庭环境下完成了，卡耐基长长地出了一口气。可没有想到，《暴风雨》不仅没有让他走出困境，反而给了他更大的打击。

由于小说《暴风雨》没有显著的优点，没有出版商愿意出版这部作品。

半年多的努力和忍耐，却换来这样一个结果，卡耐基的心情跌落到了谷底。卡耐基说："当时我痛苦极了，茫然若失地看着窗外，感觉自己的灵魂都丢失了。就算有人用木棍打在我的头上，估计我都没有知觉。"

就在卡耐基万分迷茫的时候，好朋友赫蒙·克洛依前来看望他，这让他的心情稍有缓和。与好朋友畅谈，让卡耐基暂时忘记了家庭的烦恼，他开始陪着朋友在法国旅行。赫蒙告诉他，自己的新小说发表了，是描绘美国西部农民生活的，然后还送给了他一本。

原本就十分怀念故乡的卡耐基，看着小说里对美国农民生活的细致描述，勾起了他童年的回忆，他更加想回到美国。

5. 矛盾加剧

这时，罗丽塔心里也非常失望，她感觉自己再也不能吸引卡耐基了，而且卡耐基在生活中表现出来的朴实性格也让她无法忍受。

作为一个贵族出身、自视甚高的人，她希望嫁给一个富裕、高贵的人。结婚以前，罗丽塔以为卡耐基是一位著名的文艺家，肯定有着高雅的生活习惯和富裕的家底。结婚以后，罗丽塔才发现，他只是靠着事业突然发家的"暴发户"，完全没有经历过贵族生活。

而当他的事业出现问题时，他表现出来的执着态度更让罗丽塔讨厌。罗丽塔认为，事情既然做不成功，就应该及时放弃，但卡耐基在第一部小说创作失败后，却还在一直坚持写小说。两人不同的生活方式和生活态度，让罗丽塔变得越来越抓狂了。

不仅如此，卡耐基非常想回到美国去，在美国重新建立起自己的事业。而罗丽塔却不愿离开法国，她喜欢法国这种浪漫、奢华的生活环境。

　　原本卡耐基一直迁就着罗丽塔，在法国凡尔赛居住了两年多。然而小说创作的失败，美国朋友的来访，让他内心隐藏已久的感情爆发了。卡耐基不顾罗丽塔的反对，收拾好行李，买了两张去美国的船票。他需要事业，需要到他原来的世界里重新开始生活。

　　看到卡耐基决心要回美国，罗丽塔只好跟着他前往美国。虽然罗丽塔不愿意离开法国，但当时的她还对美国抱有一丝神秘感，以为自己可能会喜欢上美国的环境。然而到达美国以后，罗丽塔感到深深的失望。

　　因为事业所有的根基都在纽约，卡耐基直接带着罗丽塔来到纽约，回到自己原本居住的地方。罗丽塔对纽约的第一印象是又脏又乱，一切都比不上凡尔赛。而且，在纽约她没有认识的朋友，卡耐基一直为事业忙碌着，家里又没有富裕的钱让她去旅行。每天罗丽塔只能一个人待在家里，她的心情比以前更糟糕了。

　　罗丽塔的脾气也变得越来越坏，她常常埋怨卡耐基把自己带到这么一个鬼地方。然后开始一个人在家里喝闷酒，喝醉以后就和卡耐基又吵又闹。罗丽塔的无理取闹让卡耐基对家庭的阴影又多了一层，他有时彻夜都不愿意回家。

　　在重新发展事业的这段时期，卡耐基从来没有和别人提起过自己的婚姻，他认为这段婚姻是失败的，不会得到一个圆满的结果。甚至有朋友问起他是否结婚时，他都支吾着应付过去，他不想让大家知道自己有一个这样的妻子。

　　以前卡耐基创业时，也遇到过一些挫折，但他从来没有像现在一样，心情跌入谷底。在家庭和事业的双重压力下，卡耐基似乎陷入到了泥潭里，而且越陷越深、无法自拔。

　　这时卡耐基想起了林肯，一个给他无尽启发的人。为了能让自已摆脱眼前的困境，卡耐基决定为他最崇拜的人写一本书，书名叫作《林肯外传》。他想通过林肯的事迹来激励自己，然后逐渐走出生活和工作的阴影。

写作的过程中，卡耐基发现，林肯的家庭生活也是不幸的。两人妻子的性格竟是如此相似，虽然是在写林肯，但写到家庭生活时，卡耐基觉得就像是在写自传一样。这种相似的感觉提起了他写书的巨大热忱，《林肯外传》成了他最佳的作品之一。

由于卡耐基从不对别人提起自己的妻子，而罗丽塔又很少外出和别人交往，很多朋友都对他的婚姻猜测不已。其实，卡耐基在《林肯外传》中，已经借助林肯的妻子清楚地描写了自己失败的婚姻状况。

《林肯外传》写到林肯妻子的时候，卡耐基把玛丽·陶德的泼辣性格淋漓尽致地展现出来。而他对玛丽·陶德的细腻描写，也正是他对自己妻子罗丽塔·保卡瑞的印象。

"有时玛丽生气的时候，她不会破口大骂，而是用一些极端的行为来表现自己的愤怒。她做过的粗暴的事情数不胜数，她曾拉着林肯在朋友面前跳狂野放荡的舞蹈……她从来不会克制自己的不满，在公众场合抱怨、批评林肯走路怪异，像个刚学会走路的小印第安人一样。最让人无法忍受的是，她以非常夸张的形式学林肯的步伐……"

从对玛丽的描述中可以看出，婚姻生活给卡耐基带来了多大的烦恼，每天他都生活在痛苦之中。婚姻对他造成的打击，比以前任何一种打击都更深刻、更长久，而且卡耐基找不到一点儿解决办法。对卡耐基来说，减轻痛苦的唯一方法就是全身心地投入到事业中，凭借工作来暂时忘记这种痛苦。

经过不停地努力，卡耐基的事业终于有了一些起色，"卡耐基课程"再次受到大家的欢迎。事业的起色让卡耐基轻轻喘了一口气，以前那种成功、富有的回忆慢慢涌现出来，他又重新拾起了自信和激情，准备追求一段新的成功。

然而卡耐基没有想到，在半年之后，他迎来了一个更大的打击。

6. 婚姻结束

20世纪20年代末，以华尔街为起点，美国爆发了一场空前的经济危机。这场经济危机持续了几年的时间，遍及美国的各个城市、各个行业。人们开始大批失业，整个社会都处于一片恐慌之中，到处充满了怨声载道的声音，很多家庭不得不面对贫困和饥饿的侵扰。美国的每个大城市，几乎每天都要供应十万人的伙食给等待救济的人群。

无论个人有多大的能力，面对整个社会的衰败，也只能被无情地卷入到灾难之中。股票市场一跌到底，让很多人都变得倾家荡产、身无分文。而卡耐基的大多数资产也因为投资了股票，赔了个血本无归。

这时，卡耐基才真正走到了自己的人生谷底。社会经济大萧条，让卡耐基的事业再次陷入困境。因为资产全部赔在了股票市场上，卡耐基的生活也开始过得艰难起来。巨大的压力让卡耐基消失多年的忧郁重新出现在心头，他逐渐成为一个沉默寡言的人。

遇到这种困境，卡耐基非常需要家人和朋友的支持。然而他每次回到家里，罗丽塔不仅不会给予他支持和安慰，反而变本加厉地和他又吵又闹，埋怨他把家里的钱都赔进了股市里，现在连吃饭都成了问题。

面对罗丽塔的指责和谩骂，卡耐基已经懒得和她理论了，只是默默地离开了家，心灰意冷地在大街上转着。路过救济站时，看着等待领救济品的人们排成长长的一队，卡耐基心想，或许不久以后，自己也会加入这个队伍，成为一个连自己都养活不了的人。

日子越过越艰辛，眼看自己做事业已经不可能了，卡耐基找了一份教师的工作，想靠全心投入工作之中，来稍微缓解一下内心的痛苦。每天卡耐基都会早早地起床去学校，直到很晚才回家，因为只有不在罗丽塔身边时，他的心里才会好受一点儿。卡耐基和罗丽塔之间，已经形成了一道深深的沟壑，而两人都没有要填补它的意思。一个人选择继续指责和吵闹，另一个人选择不停地逃避，他们的婚姻一点点地走向了结束。

一天，卡耐基上完课后，好朋友托马斯约他一起出去吃晚饭。卡耐基马上答应下来，因为他根本不想回家。吃饭的时候，托马斯告诉卡耐基，自己就要和妻子离婚了，他们之间实在没有共同语言。卡耐基非常吃惊，他很佩服朋友的勇气。在当时的美国，人们还没有那么开放，离婚会受到道德的谴责。

在朋友的影响下，卡耐基似乎找到了解决问题的方法。在回家的路上，他心里一直闪现着"离婚"这两个字。

看到卡耐基回来，罗丽塔又开始发脾气了，她不停地唠叨："回来这么晚还挣不到钱，你真是个没用的废物，你说你都会干点什么……"罗丽塔的喋喋不休，终于让卡耐基忍无可忍了，他对罗丽塔吼道："你到底有完没完！每天就知道说我这不行、那不行，要是看我这么不顺眼的话，那我们就离婚！"罗丽塔一下愣住了，她没想到卡耐基会说出这种话。过了一会儿，她突然哭着跑出了家门。

而卡耐基在说完那句话后便后悔了，他还是希望自己的婚姻维持下去的。

为了能弥补他们之间的裂痕，卡耐基把罗丽塔带回了老家密苏里州，想通过家乡人的淳朴来感化罗丽塔，慢慢地修复两人的关系。但这件事却成了两人离婚的导火索。

到了卡耐基的老家，卡耐基的父母热情迎接了罗丽塔，而罗丽塔却觉得他们的身份低自己一等，一副爱理不理的表情。吃饭时，罗丽塔觉得他们家的菜难以下咽，便开口大骂。卡耐基非常生气，他允许别人骂自己，却绝不允许别人骂自己的父母。盛怒之下，他训斥了罗丽塔几句。没想到罗丽塔直接把手中的盘子扔了过来，然后离开了密苏里州。

卡耐基非常后悔把罗丽塔带回了老家，他来到纽约，准备和罗丽塔好好谈一次。到了纽约，卡耐基发现罗丽塔不在家里，于是他开车到罗丽塔经常去的几家酒店寻找。在一家酒店门口，卡耐基看见罗丽塔正在和一个男人说话，而这个男人是纽约上流社会有名的风流人物，他很愤怒地拉着罗丽塔的手回了家。

到家后，卡耐基质问罗丽塔这件事，没想到她竟然平静地说："每天和你这种废物在一起生活，一点儿意思也没有。所以我选择了做他的情妇，你不是想离婚吗？那就离婚啊，这样对我们俩都有好处。"

听到这里，卡耐基差点气晕过去，他指着罗丽塔说："你！你……你这个恬不知耻的女人！好，离婚，马上就离婚！"说完，他摔门而去。

走在无人的大街上，卡耐基突然觉得心情平静了很多，也轻松了很多。好像是做了场噩梦，而离婚是让他摆脱噩梦的唯一方法。

第二天，他们就来到了法院，办理了离婚手续。当走出法院的那一刻，卡耐基感觉心里的阴霾全不见了，他仿佛获得了解放，重新回到了以前自由自在的生活之中。

7. 可怕的"唠叨"

经历了失败婚姻的痛苦，卡耐基在以后的生活过程中，不断地总结婚姻的得失，希望能找到维持美好婚姻生活的方法。通过对无数家庭的了解，卡耐基总结了幸福婚姻的要点。

一个男人结婚以后，他在生活中能不能够得到幸福，完全取决于他妻子的性情。就算她再有才华，长得再漂亮，如果她脾气暴躁、爱唠叨、总是挑剔丈夫的不是，那么他们的家庭也不会和睦，他们的婚姻也不可能幸福。

在男人遇到困难，失去奋斗的激情时，能够给他最大鼓励的就是他的太太。卡耐基清楚地记得，在他工作陷入困境、身心疲惫的那段时期，多么希望罗丽塔能够安慰他，让他觉得身边还有一个依靠。可是每次回到家，得到的只是唠叨和嫌弃，这极大地打击了他前进的勇气。

确实，唠叨和嫌弃是家庭不幸的罪魁祸首，远比奢侈、懒惰带来的害处大得多。不爱做家务或喜欢花钱，只是增加了家庭的财务负担而已。可唠叨和嫌弃可以把两人的感情逐渐消磨掉，让夫妻之间形同陌路。

著名心理学家莱特韦恩·特曼博士，曾对上千名夫妇做过详细的调查。结果表明，在大多数丈夫的眼中，唠叨和嫌弃是他们最讨厌的。罗盖特民意检测也显示出了同样的结果：在太太所有的缺陷中，丈夫最不能忍受的就是唠叨和嫌弃。

似乎从古时候开始，唠叨和嫌弃就已经成了某些太太的特点，她们总想借此来影响和改变自己的丈夫。据说，大哲学家苏格拉底的太太兰西勃就是一个爱唠叨的人，她总是在家里喋喋不休，挑剔苏格拉底身上的毛病。为了逃避太太，苏格拉底有时会整天都躲在雅典的大树下沉思。盖乌斯·尤利乌斯·恺撒和他的第二位妻子离婚，理由就是：他实在忍受不了妻子每天在自己耳边唠叨个没完。还有著名的美国总统亚伯拉罕·林肯，也是受尽了妻子的唠叨之苦。

虽然有无数的太太想用唠叨来改变自己的丈夫，不过这一方式从来没有产生过效用。在教课的时候，卡耐基曾听说学生劳亿斯被唠叨伤害的婚姻经历。

劳亿斯回忆说，他太太一直很轻视他的工作，在太太不停地唠叨和嫌弃下，他的事业几乎都要被毁掉了。刚开始的时候，他做的是推销员的工作。他很喜欢做推销员，但在工作的过程中，常常遭到一些白眼，所以劳亿斯在工作结束的时候，心情难免有些低沉。每天晚上回家后，他都希望有人来鼓励一下自己。但每次开门，太太都会带着轻视的眼光来迎接他："工作得怎么样？小推销员。有没有领奖金？我们周末要交房租了，再不拿到钱，就等着挨饿吧！"

这种情况一直持续了两年多。虽然总是被妻子嘲笑，但劳亿斯还是通过不懈的坚持，让自己的事业一步步地提升上去，最后成为美国一家著名销售公司的执行总裁。然后，他便与太太离婚了，娶了一位在工作中一直帮助和支持自己的女孩。

劳亿斯的第一位太太非常恼怒："在他穷困的时候，我甘心和他一块受苦。现在事业有成了，却把我一脚踢开了，真是个忘恩负义的人。"她对朋友愤怒地控诉着丈夫的不是。"一有钱就去找年轻漂亮的女人，没想到他竟是一个这样的人，我真是瞎了眼了。"

其实，劳亿斯太太并不知道丈夫离开她的真正原因。劳亿斯会和她离婚，不是因为另外一个女人，而是实在忍受不了她的唠叨。她在生活中表现出来的轻蔑态度以及不停地挑剔和唠叨，对劳亿斯来说，是一种长期的打击和折磨。如果不是在工作时，还有别的同事在支持和鼓励他，恐怕他早就已经崩溃了。

卡耐基的朋友威廉姆斯也说过类似的经历。威廉姆斯年轻的时候，做过一份广告策划工作。当时的广告业正在蓬勃发展的过程中，竞争非常激烈，他需要妻子的支持和安慰，来减轻竞争的压。

然而，他的太太认为他不适合在这一行业发展，经常嘲笑和指责他的不是。在太太的打击下，威廉姆斯工作的激情消失了。想起那段经历，他深有感触地说："妻子每天的指责，极大地伤害了我的自信心。就像是不停滴下的水滴，慢慢地腐蚀石头一样。"最后，他丢掉了工作，妻子也和他离婚了。

离婚以后，威廉姆斯又渐渐找回了自信。他开始投入到新的事业当中，并取得了成功。

几乎在所有的家庭里，夫妻之间都会吵架。但因为家庭感的存在，一般都不会伤及夫妻的感情。但是，无尽的唠叨、嫌弃和指责会一点点地击溃人们的心理防线，最终会拖垮整个家庭，造成离婚的结局。无论丈夫是做什么事情的，他都会遇到烦心事。如果回家以后，听不到太太的安慰，反而是一味地批评、指责，那么他怎么会愿意在这种家庭环境下生活下去呢？

第七章　投身事业

1. 能言善辩

美国经济大萧条过去以后，人们逐渐投入到了正常的工作之中。工作中遇到问题时，大家自然想到了卡耐基课程，于是卡耐基的事业又迎来了一个新的春天。

学生的急剧增加，让卡耐基非常高兴。在引导和倾听学生们自我演讲的时候，卡耐基注意到了一个问题。当他让学生们说出自己经历的事情时，无论这个学生以前有多么不善言谈，那他也会有说不完的话。

有一位名叫哈里斯的学生，是美国一家大型印刷公司的高级主管，手下有几十名员工。在别人看来，他似乎生活得称心如意。其实，来听卡耐基课程之前的几个月里，他患上了严重的神经衰弱症。

哈里斯说："在那段时间里，几乎任何事都会引起我的恐慌。我常常会坐在床上问自己：我是不是得了什么绝症？我的妻子爱我吗？公司会不会遇上什么麻烦，我能不能解决……在这种精神压力下，我的身体也变得越来越差。没过多久，我患上了胃溃疡，而我以为是胃癌，就停止了工作，在家里休息。休息并没有改变我的精神状态，精神压力仍在不断地增加，后来，我得了严重的神经衰弱症。"

说到这里，哈里斯解释道："或许有人以为，神经衰弱症只是精神疾病而已，又不会对身体造成痛苦。其实只有得过的人才能理解，精神疾病要远比普通疾病可怕得多，那种心灵被腐蚀的痛苦，是任何身体的伤痛也无法相比的。"

看着滔滔不绝的哈里斯，卡耐基露出了会心的笑容，仿佛发现了一个新的教学规律。

接着，哈里斯继续说道："得了病以后，我的生活陷入了更加痛苦的状态。每天我都觉得脑子浑浑噩噩的，不想对任何人说话。而且变得异常敏感，任何微小的事情都会让我感觉心惊肉跳，有时还会被吓得大声喊叫起来。总之，无尽的痛苦几乎让我崩溃了，我甚至想到了用自杀来解脱。"

哈里斯的不幸遭遇，逐渐引起了学生们的共鸣，大家都静下心来听故事的发展。

"后来，我感觉或许换个生活环境会变得好一些，于是我前往美国佛罗里达州。临走之前，父亲交给我一封信，并告诉我到了佛罗里达州后再拆看。当我到达目的地时，刚好赶上旅游旺季，所有的旅馆都住满了人，没有办法，我只得租了一间车库居住。我先后去了几家印刷公司求职，但都没有被录取，每天只能在海边打发日子。

"这种生活比原来在家时更让我恐慌，然后我就想起了父亲的那封信，信里写着：'孩子，虽然现在你已经身在他乡，但我猜想你的情形并没有变好，因为你是带着烦恼走的。其实，你在家里的工作环境并没有任何问题，只是你的心出现了裂痕才让你一蹶不振。所以你应该试着去找让内心平静的方法，只有心里恢复正常，你才能摆脱这个痛苦的状态。'"

听到这里，卡耐基打断了哈里斯的讲话，他说："我非常赞同你父亲的意见，他完全说中了问题的根本。无论是谁，只有心灵获得了平静，才会找到生活中的乐趣。但这种平静完全取决于个人的思想，与事业、地位以及周围的环境都没有关系。"

接着，哈里斯说道："是的，卡耐基先生说得对，可当时我还没有明白这一点。读完信后，我以为父亲是在教训我，原本心情就极差再加上父亲的'教训'，我变得万分沮丧，一个人在街上漫无目的地走着。不知不觉间，我来到了一所教堂前，心想：反正又不愿回去睡觉，干脆就去教堂里听听牧师讲课吧。

"当我走进教堂里的那一刻，牧师正在讲解《圣经》里的一句话：'能战胜内心的人，比攻陷一座城市的人更加坚强。'我一下就清醒过来，似乎他这句话就是专门对我说的一样。于是我甩了甩头走出教堂，仔细回忆起过去的这段日子。在这一句话的照耀下，好像之前的阴霾全部都消失了，我的心里变得异常安详，我看到了昔日自信、热情的面孔。"

对于哈里斯这番诚挚的演讲，所有的学生都报以热烈的掌声。等教室稍微安静下来后，哈里斯又继续说道："第二天早上，我收拾行李踏上了回家的路，然后回到自己原来的公司继续做主管的工作。没过多久，朋友就介绍我来学卡耐基课程，通过卡耐基先生的演讲，我认清了生活的本质。现在，我不仅打破了心理障碍，而且生活和工作都走上了正轨，成了一个健康、充满活力的人。"

哈里斯的演讲结束后，卡耐基对学生们总结道："哈里斯先生的故事告诉我们，当我们被烦恼困扰时，要懂得用意志来改变自己的精神状态。心存勇气和平静，我们才能体会到人生的美妙。"

其实，这件事还给了卡耐基一个启发，他在记事本里写道：只有让学生讲出自己的遭遇时，学生才会能言善辩。在以后的教学中，不妨多让学生们谈谈亲身经历的成功或失败，让他们更加轻松地参与到课堂中来。

2. 拥有热忱

重新投入事业后，因为缺少了家庭的烦恼，卡耐基渐渐恢复了往日的激情和信心。他开始一边开办卡耐基课程，一边写教材。

在卡耐基课程蓬勃发展的同时，卡耐基出了一本新的教科书，名字叫《公众演说——商用课程》。在这本新教材里，卡耐基总结了学生在新的工作环境下出现的各种问题，并列出了很多实用的例子供学生们学习。教材中详尽地解析了工作中普遍存在的一些问题，它所提供的解决方法比以往的任何教材都要科学，这本教材一直沿用到了20世纪70年代。

而且，卡耐基把对演讲的新观念写在了《公众演说——商用课程》里，即热忱是让我们对演讲充满动力和激情的关键。热忱是什么？热忱就是将内心对人或事物的热爱表现出来，和人们讨论他们感兴趣的问题，打动自己身边的人。

卡耐基对热忱下了一个严格的定义：热忱是一种精神实质，是发自人们内心的热情，它给人的感觉就像是"抑制的兴奋"一样。这种兴奋会从人的表情、动作和状态中辐射出来，对身边的人也会起到振奋和鼓舞的作用。

热忱对任何人来说，都有着无比重要的作用。但热忱并不是指表面上的开心，而是一种感悟。表面显示出笑容只能欺骗别人，却欺骗不了自己，这种假笑不仅不会给自己提供动力，反而会让自己渐渐地陷入痛苦之中。

热忱与大声地叫喊和呼唤是不同的，前者是指一个人发自内心的兴奋，然后把这种兴奋通过语言和动作展现出来，从而使自己充满感染力。

演讲靠的是一个人的内在精神，而热忱是内在精神强大的表现。拥有热忱的人，能够更容易激发自己的勇气和自信心，进而带动听众的情绪。一个洋溢着热忱的人在台上演讲，很轻松地就能把周围的氛围调动起来，然后获得听众们的支持。

其实，任何人心中都或多或少地有一些热忱，只是那些成功的人，通过渴望能让内心的热忱燃烧起来。热忱是一种可贵的精神，它不仅可以让你自己充满激情，还能够影响你周围的人，把他们内心热忱的火种点燃。在新的教学过程中，卡耐基课程最重要的是教给学生们如何获得热忱。

讲述热忱的时候，卡耐基引用了纽约石油大亨戴斯的一句名言：在人的一生中，热忱是获得成功的最主要的秘诀。在商业的竞争过程中，胜利的人和失败的人在技术、能力和智慧上并不会有多大的区别。能否取得成功，就要看他们对事业的热忱程度。缺乏热忱的人，就算他比别人更加努力地工作，也不能得到一个好结果。

为了培养学生的热忱，卡耐基研究出了一个好方法：让学生给自己定一个目标，并且时刻记得这个目标，一切的工作和生活都围绕着实现这个目标展开。有了目标，工作时就会拥有热忱，然后细细体会和感受热忱，并逐步强化它。

一位名叫詹姆斯·伦布的人参加了卡耐基课程后，对卡耐基提出的这种方法非常赞同，他本身就经历过靠着目标来提升热忱，只是不知道它是什么原理而已。

一天晚上，詹姆斯和朋友一起吃午饭。在酒店门口他们看见了一辆豪华的卡迪拉克轿车，詹姆斯指着轿车说："这车真漂亮，将来我也一定买一辆。"朋友以为他在说笑，并没有放在心上。但詹姆斯却把这件事放在了心里，时刻记得自己要买一辆豪华轿车的目标。

有了这个目标以后，詹姆斯工作越来越有激情，很快就做出了卓越的成绩，逐渐被老板提升为公司主管，他已经有能力购买豪华轿车了。但詹姆斯并没有因此停下脚步，而是把目标定在了更高处，对目标的热忱让他浑身都充满了干劲。30岁那一年，他被任命为公司总经理。当他再和朋友一起吃饭时，朋友对他的改变和成功惊叹不已。

在工作过程中，想要为奋斗提供一个动力，最好的办法就是确立一个目标。这个目标不能太高，也不能太低，定到既能完成，完成后自己还非常高兴的程度。这样不停地设定、完成目标，让内心始终保持着一份热忱和兴奋，让事业和生活水平逐渐提升。

当然，有一些学生对带着热忱去工作的方法产生怀疑，认为人们不会对一些令人讨厌的杂务产生热忱的。还有，在遇到困难时，大家似乎更愿意消沉下去。

对于这些怀疑，卡耐基都曾仔细考虑过。其实人们喜欢或讨厌一件事情，完全取决于自己的思想和心态，和事情的本身没有关系。如果一个人把热忱融入思想中去，他会发现周围的一切都发生了变化，哪怕是做枯燥的事情，他也能从中找出乐趣。

3. 学会真诚

如果想做一名成功的演讲者，仅仅拥有热忱是不够的，还必须要拥有一颗真诚的心。

真诚是什么？真诚是对别人坦诚相待，把自己的真实感情展示给别人，靠着真心实意去打动他。当你真诚对待别人的时候，会发现自己很容易就能打动别人。因为真诚不仅让你表现得更加自然，而且别人都会相信你。

那么我们该怎样表现出真诚呢？方法很简单，就是把自己内心想的，感兴趣的事情说出来。

而在演讲时，想要做到真诚这一点，就需要在台下做一些练习和准备了。首先，不能站在台上读稿子，也不能背稿子，这会让听众感觉不到演讲者的存在。其次，要使用你最了解的、引人注目的开场白，并确定在听众希望你结束前演讲完。最后，除非你很擅长幽默，否则在演讲的过程中，尽量避免用玩笑的方式。

亚当斯是卡耐基课程的一名学生。在演讲的时候，亚当斯总是充满激情，还时常在演讲里加入一些笑话，但演讲的效果却一直不怎么好。听了亚当斯的演讲以后，卡耐基对他说："你演讲时拥有足够的热情，这一点非常好。演讲不太受欢迎，问题出在你设计的笑话上。可以看出你并不是一个天生的幽默大师，这些生硬的笑话让你的演讲失色很多。放弃它们吧！努力表现你的热忱和真诚，你的演讲一定能够取得成功。"

卡耐基曾经说过，拥有热忱和真诚后，只要再注意演讲时的一些细节，人人都可以做一名成功的演讲师。关于演讲的细节，卡耐基和学生安德森有一段经典的对话。

有一次，在课程快要结束的时候，卡耐基让学生们自由提问。安德森马上站了起来，把课下精心准备的问题全都说了出来。

"拥有热忱和真诚以后，我们做演讲前，还应该做哪些准备，以及准备多长时间呢？"安德森问。

卡耐基答道："如果你要做一个小时的演讲，就应该花三天的时间去准备。在演讲的准备时间上，我们不要吝啬。只要你为演讲做了足够时间的专心准备，我想一定会取得你想要的效果。而准备工作最主要的一点是仔细研究主题，主题是我们演讲的根基，演讲者必须对演讲主题有一个广泛且深入的了解。只有紧紧地抓住主题，我们才能从整体把握演讲，赢得大家的认可。"

"一般情况下，演讲的时间最好是多久？"

"这个要看现场听众的表现，当发现听众的情绪低落时，你就要考虑适时地结束演讲了。很多名人在演讲时，都不会超过五分钟。如果感觉自己的思路开阔，听众反应也很热烈，你可以多说一段时间，但最好也不要超过十分钟。"

"那么，演讲内容的整体框架该怎样安排呢？"

"首先把演讲的内容理顺，以你想要说的事物为主线，把主题清晰、明了地阐述出来。然后为演讲创造一个吸引人的开场白，以及一个发人深思的结尾。"

"演讲时，怎样才能做出适合演讲的手势呢？"

"其实，演讲时我们不用太在意手势。一般情况下，听众都不会注意你的手势，手势的主要作用是帮助你放松自己。当然，一些恰到好处的手势可以让演讲更有激情，但我们在真正学好演讲以前，不需要太关心这个问题。"

"不做手势的话，可不可以将双手插在口袋中？"

"我认为，如果不做手势，双手放在讲桌上就行了。然而，假如把手插在口袋里会让你感觉自在，那么也可以那么做，听众不会有什么特殊的想法。"

"在一些容易紧张的场合，是否可以提前背稿子呢？"

"不行！绝对不可以。"卡耐基严厉地说。"无论是什么场合，背诵稿子只会让你的演讲效果变差。但是你可以带一些记录摘要的小纸条，在一些重要的演讲中，我便会为自己准备几张小提示卡。"

这一段谈话，给安德森和班里的学生带来了很大的启发，也为卡耐基理清演讲要点打开了思路。后来，这段话被卡耐基写进了自己的教材里，帮助卡耐基课程的学生们提高了演讲的水平。

在卡耐基课程重新开设的几年时间里，越来越多的人被卡耐基的演讲吸引，纷纷加入到卡耐基课程的培训之中。人们在教室里，听卡耐基讲课，学习他的演讲方法；回家以后，看卡耐基的书籍，学习他的处世方式。卡耐基课程的创立人——戴尔·卡耐基，在美国变得越来越出名了。

随着影响力的扩大，这位从农村长大的孩子，摇身变成了一位公众演说家。他为人们创造了一个充满真诚和温馨的课堂环境，无论是销售员、公司主管等工作人员，还是音乐家、作家等艺术人员，都能够在卡耐基课程里找回自信，成为一个拥有热忱和激情的人。

4. 诘难者

无论一个人的教学有多么成功，他的教学方法也不可能是完美的。卡耐基课程在受到欢迎的同时，也吸引了一批评论家来批评、否定他。

对卡耐基最早的批评是来自一位心理学家桑切斯。桑切斯认为卡耐基对很多问题的处理过于偏激，在引用事例的时候，以偏概全。他指出，卡耐基在教材里提到真诚的时候，引用了石油大王约翰·洛克菲勒处理很长时间的流血罢工事件。洛克菲勒用真诚与和善感动了罢工者，最终双方和平收场。但是，教材里没有说洛克菲勒给工人加薪的事，把重点完全偏移到情感方面。

桑切斯说，卡耐基把事实做了简单化的处理，他只把事例中支持自己观点的部分突显出来。教材指出，洛克菲勒对工人们发表了热情洋溢的演讲，赢得了罢工者的支持。但罢工者支持洛克菲勒的另一个重要原因，是因为他提出了实际的解决之道。不仅给工人增加了工资，还保证改善他们的生活条件。由于存在这样的事实，所以桑切斯批评卡耐基看待问题时过于偏激了。

面对桑切斯的批评，卡耐基也给予了回应。他承认自己教材中对洛克菲勒罢工事件的处理存在偏重，但这正是教学的一种方法：把事件中支持论点的例子重点提炼出来。教材里举例子的时候，都会偏重描述事例中的某一方面，否则大家怎么知道去关注什么？

用工资和优厚的待遇来平息罢工事件，一般人都会这么做。但是想要平息罢工者们那颗愤怒的心，就只能用真诚和热情去感化他们。而洛克菲勒那一段精彩的演讲，完全抓住了工人们的心，所以罢工事件才能完美解决。教材在引用这一事例时，就是告诉给大家热忱和真诚的作用，自然也就把演讲这段突显出来。

教材中的事例，虽然以描述洛克菲勒的演讲为重点，但并没有夸大事实，工人们确实是被洛克菲勒的真诚所感动。卡耐基认为这种举例的方式没有什么不对，而且书中的大多数事例都是如此：重点突出、不欺骗、不误导，这样才能让学生学到自己需要的东西。

紧接着，有些评论家批评卡耐基课程的教学理念。

教给学生演讲时，卡耐基为学生们总结了演讲时需要注意的重点，以及演讲成功的关键点。如：千万不要背诵演讲稿；在论述自己观点时，要穿插一些名人事例；演讲的过程中，不要去模仿别人，要把真实的自己表现出来……

很多学生都靠着卡耐基提供的方法，从人群之中脱颖而出。有些社会学家认为，卡耐基课程教出来的学生，都是一些投机分子。他们能利用一些巧妙的手段，让并无显著能力的自己爬到别人头上，造成了工作中的不平衡。

而卡耐基却不这么想，他认为自己的课程虽然教给了学生们一些工作技巧，但主要还是提升了人们看待问题的观念。两个人学识能力完全一样，但如果思想深度不一样，那他们做出的成绩也是千差万别的。至于工作中的不平衡原本就一直存在，卡耐基课程只是把一部分人变得乐观开朗了，他们工作有激情了，所以才会比一般人做得好。

后来，有一位商人冈萨雷斯·马丹对卡耐基本人和他的事业做出了攻击。

冈萨雷斯说："戴尔·卡耐基现在已经非常富裕了，但这个生于玛丽维尔的农村男孩，还在不停地从别人的困苦中获得财富，来满足自己奢华的生活。"

卡耐基回应说："我的财富确实是从别人的不幸中得到的，随着卡耐基课程的蓬勃发展，卡耐基出版的书籍变得大受欢迎，而我也因此挣得了大量的财富。但是，人们花钱听我的课程，让他们从不幸中解脱出来，这些钱花费得值。"

从这几年的教学成果来看，卡耐基确实改变了很多人的命运，让他们的生活变得更加美好。很多不幸的人找到了生存的意义，开始追求自己人生的目标。他们学习时的花费与以后取得的成功相比，根本算不得什么。

面对困境，卡耐基为学生们提供了很多建议，帮助他们度过"艰难的时光"。卡耐基认为，社会中到处都是竞争，巨大的压力让很多人都陷入痛苦之中。而他一直在努力改善人们的心态，为大家建立面对困难的勇气。

有一次，《纽约时报》的记者洛佩兹采访卡耐基，卡耐基说："出生在这个世界以后，人们在生活中总会遇到一些恐惧。而我的工作，就是让人们拥有一颗坚强的心，去应付生活中出现的糟糕情况。"运用这种乐观自信的精神，卡耐基教会人们怎样和命运拼搏。

"提起生活，我认为一个人在能力允许时，就应该适时地去享受生活。其实，我的生活并不奢华，吃穿住行比一般人好不了多少，只是在空闲的时候，喜欢去打高尔夫球而已。对我来说，这是放松身心的一个最佳办法。"卡耐基反驳了冈萨雷斯说自己生活奢华的攻击。

5. 恶意的攻击

卡耐基对刁难者的回应，并没有平息人们对他的批评。

1937年，卡耐基的事业迅速占领了美国成人教育市场。与此同时，也引来了更多评论家们的抨击。面对这种情况，卡耐基仔细研究了著名人物是怎样看待这种批评的。他发现，大多数名人对评论家们的批评都保持一种置之不理的态度。从他们的身上，卡耐基学到了该如何看待这些批评。

在一次新闻发布会上，为了表明自己对待这些批评的态度，卡耐基讲述了一个名人的故事。"曾经，美国教育界发生过一件大事。一位名叫罗伯特·锦穆尔的青年，在一边学习一边打工的情况下，完成了耶鲁大学的学业。之后的几年时间里，他做过服务员、推销员、教师、机场工人等，一直靠自己的努力不停地为生活拼搏。33岁那一年，美国著名的芝加哥大学聘请他做大学校长。"

"紧接着，美国教育界各阶层的抨击全部涌了过来，他们纷纷批评锦穆尔：太年轻没有足够的经验，教育观念不成熟……后来，不仅是教育界，连新闻界和学术界也开始对锦穆尔进行批评。"说到这里，卡耐基突然问，"你们知道锦穆尔是怎么想的吗？"

看着记者们迷惑的表情，卡耐基回道："在锦穆尔参加就职典礼的那天，他的妻子拿着一份报纸说：'今天早上，我看到有些报社也开始批评你了，真是过分。'而锦穆尔不以为然，他平静地说：'没有关系，越是重要的人物，越有人想要批评他，没有人愿意去批评一个叫花子的。'这就是锦穆尔的想法，也代表了我对这些批评者们的看法。"

说到这里，卡耐基并没有停顿下来，他开始用另一个事例来说明这一点。

"越是优秀的人，人们批评他时才会有更高的满足感。英国国王爱德华·温莎，在少年时代就经历过类似的事。14岁那年，爱德华在伦敦的一所海军军官学校读书。有一天，一位同学看见他浑身是土、垂头丧气地坐在操场的凳子上，同学连忙过去询问原因。刚开始，爱德华不愿意说，在同学的再三追问下，他才说：刚才有一名军官无缘无故地把他一脚踹倒在地，同学马上把这件事告诉了校长。校长叫来了踹人的军官，问他到底是怎么回事。那名军官支吾了半天，终于说出了实情：有朝一日，等爱德华当上国王以后，他就可以自豪地和同伴夸耀，自己当年还踹过国王一脚。"

故事讲完后，卡耐基评论道："所以，当我们成名以后，有很多批评者都是借助对我们的批评，来满足自己内心的成就感。在这些批评者中，大多数根本就不了解我们，他们完全是从自己的角度出发对我们进行抨击。为了更好地说明这个问题，大家来听听探险家罗伯特·埃得温·皮里的故事吧。

"罗伯特是美国著名的探险家，1909年他乘着雪橇去北极探险，成了世界上第一个抵达北极的人，完成了几百年来无数的探险家也没有达成的心愿。这次探险，让罗伯特盛名远扬，同时也给他带来了一定的烦恼。

"从北极回来后，罗伯特的上司感觉罗伯特独占了北极探险的名声，上司对他表现了极大的不满。所以当罗伯特提出新的北极探险计划时，上司直接就拒绝了，他说罗伯特是借探险之名窃取探险资金的'盗贼'，极力阻挠罗伯特的北极探险计划。后来在公司董事的干预下，罗伯特才继续了北极探险计划。"

说到这里，卡耐基提出了一个假设："让我们来设想一下，如果罗伯特一直在自己的工作岗位上，做一些平凡的事情，他还会受到上司的攻击吗？我认为是不会的。一个平凡无奇的人，是不会遭到别人嫉妒的。"

"比起探险家罗伯特，美国尤利塞斯·辛普森·格兰特将军的遭遇更加惨痛。"卡耐基又举出一个例子，这也是他讲学的一大特点，从社会的各个层面来论证自己的观点。

"美国南北战争期间，北方军队在格兰特将军的带领下首战告捷，北方军民都为这一胜利欢呼不已，而格兰特也成了北方军民的偶像。然而谁也没想到，没过几个星期，这位大获全胜的将军到诬陷，被削去了军职。一直到后来，北方军队逐渐陷入危机时，格兰特才重新被起用，最终取得了南北战争的胜利。

"是什么原因让人们去诬陷一名得胜的将军呢？是嫉妒。格兰特取得首战的胜利后，得到了显赫的名声和威望，这让一些心术不正的人嫉妒不已，于是他们就想办法陷害格兰特。"最后，卡耐基得出一个结论："所以，当我们遭遇到一些不公正的批评时，要遵循这样一项原则：不公正的批评是批评者内心嫉恨的一种表现，我们不用花费心思去理睬他们。只要凡事做到尽善尽美，则不用去在意这些伪善的批评。"

6. "笑一笑"

卡耐基能够平静地看待批评，主要还是从林肯的身上学来的。在南北战争时期，林肯每天都会收到很多的批评信件和言论。面对众多的批评，林肯做出了一个最明智的举动：对这些恶意的攻击置之不理。

林肯说："每天在报纸上，我都能看见对我攻击的言论，但是我从来不会站出去反驳他们。如果我对所有的批评文章一一答复的话，那每天就什么也干不了了。其实，我只要一直去做大家认为是正确的事情，然后能取得一个好结果就行了。做出成绩以后，所有的批评都显得那么无力，因为事实胜于雄辩。"

经过对名人对待批评的不断总结，卡耐基对待批评的态度更进一步。他认为，对待批评的最佳态度应是微笑。如果一个人能够面带微笑地看待批评，那么他算是彻底从批评学校毕业了。卡耐基第一次看到微笑着面对批评的人，是音乐家布莱恩·泰勒。

英国著名音乐家布莱恩·泰勒曾经讲过一个关于自己的故事：布莱恩指挥的交响乐，每周日都会在电台里播送。有一次，布莱恩在演奏的空余时间讲了几句话，没过多久，他就收到了一封批评的信，有位听众指责他"话痨、碎嘴子"，破坏了高雅的情调。在接下来的周六，布莱恩幽默地对听众说，他一直就是个"碎嘴子"，上次实在没忍住。后来，布莱恩又收到了那位听众的信，这次他没有再批评布莱恩，而是真诚地向布莱恩道歉。

布莱恩面对指责时，所表现出来的平静与幽默的态度，值得我们所有人去敬佩。后来在课程上，卡耐基的学生亚当斯·苏瓦也说过一个类似的例子。

亚当斯是一位大学教授。第一次世界大战时，他在德国教学，有一位德国的老职工经常来找他聊天。一天，这位老职工满身泥泞地走进亚当斯的办公室，亚当斯问他出了什么事，老职工说他们的工厂要进行一系列的改革，有几位反对改革的愤青，把很多人都推下了河里，他也被推了下去。"那你上岸后，是怎么对待推你下河的人的？"亚当斯问。老职工回答："我感觉没什么大不了的，只是笑了笑而已。"

从此以后，受到别人的攻击时，"笑一笑"就成了亚当斯的座右铭。

当你不幸成为一些偏激者的攻击对象时，"笑一笑"才是最佳的解决途径。微笑不仅会改善自己的不良情绪，还能感动攻击者的心，"举拳难打笑脸人"，面对善意的微笑，再凶狠的攻击者也会颓然而退了。

对待恶意的攻击，我们可以付诸一笑，不予理会。但这并不代表我们把所有的批评全都束之高阁，有一些好的提议和自己犯的明显错误还是要改正的。而卡耐基认为一些真正的评论家，在指出别人的缺点时，应该多注意说话的方式。

如果想要别人接受你的建议，就应该用和蔼平等的态度，对别人进行引导和劝说。因为只有先用友好的语言拉近与对方的心灵距离，对方才会认真倾听你的建议。相反，如果你以一种盛气凌人的态度对别人进行批评和指责，那么别人就会想方设法地进行反驳，就算你说的话是对的，别人也不会轻易承认你的指责。

这些都是人的根本特性，人自身有天生的优越感，总想让人都承认自己比别人强，以我们对待其他的民族为例：

你感觉自己的种族优于日本人的种族吗？相信大多数人都会做肯定的回答。其实，日本人还感觉远比你们要优秀呢！一个比较传统的日本人，看见外国人和日本女子跳舞就会很生气。

你感觉自己比印度人优秀吗？那是你的权利，但印度人不会这么想。他们认为其他的种族更像是异教分子，甚至不愿意和信仰别的宗教的人一起吃饭。

每个国家都以为自己的种族比别的国家要优秀，于是便有了侵略战争。

面对任何一个人，或许我们都能从自己身上找到比他们优秀的地方，但是，别人同样也有比我们优秀的地方。当你真正能放下内心的骄傲，以平等客观的心态对待别人，承认他们的优点和重要性，那么换来的也一定是真心。

卡耐基课程告诉我们，想要让这个世界更快乐，就要对失意的人诚心说几句赞美的话，而不是对他们的过错纠缠不清。也许我们明天就忘记今天对别人的赞美，但是被赞美的人可能一生都会珍惜着它们。

显然，卡耐基对批评者的反驳是有力的，因为卡耐基课程从来都是以赞美和夸奖为主，并因此成就了最受欢迎的成人教育。而卡耐基对待批评者的态度，也是值得我们借鉴的，以平静开朗的态度对待责难，是我们每个人都应该学会的一课。

第八章 课程国际化

1. 出版书籍

卡耐基课程的最主要目的，是帮助人们建立健康向上的价值观和人生目标，促使人们增强信心，完成自我挑战。一直以来，卡耐基课程取得的成效是显著的，人们抱着问题和怀着期望前来，然后带着答案和满怀希望离去。在卡耐基的引导下，一拨又一拨的学生获得了新生。

学生在完成卡耐基课程后，会得到一本证书。这本证书并不代表学生学会了任何特殊的本领和能力，而是承认学生已经拥有了一种积极的生活态度。学习过卡耐基课程以后，学生在学识和工作能力上几乎没有任何改变，但他们的精神发生了巨大的转变。

随着卡耐基帮助越来越多的人获得了成功，卡耐基课程引起了人们极大的兴趣。当有一家报社刊登出卡耐基将在纽约大剧院做演讲时，所有听说过卡耐基名字的人们都争先购买剧院的门票。

有一位在生活中遭受重大挫折的中年人斯科特·格林，早就听说过卡耐基的名字，但他没有钱和精力去参加卡耐基课程。这次，听说卡耐基要在大剧院举办演讲，他急忙去购买剧院门票。为了买一张剧院的门票，他在寒风中站了几个小时。

演讲那一天，剧院大厅里人山人海，所有的角落里都站满了人，而演讲自然也取得了成功。

斯科特听了那场演讲后，激动得热泪盈眶。他真悔恨自己为什么不早一点儿去学习卡耐基课程，否则自己也不会像现在一样落魄。但现在学习也不晚，他毅然决然地辞了工作，脱离了原来的生活，走进了卡耐基课堂。通过学习之后，他又找到了当年刚开始工作时的激情，逐渐建立了自己的事业。

卡耐基课程被人们普遍接受的时候，评论家们似乎停止了对卡耐基的批评，转而用一种尊敬的态度来看待他的事业，而且也开始关注他出版的除了教材以外的其他书籍了。而卡耐基在出版书籍的时候，并不是一帆风顺的，遇到了很多挫折。

几年前，卡耐基把自己费尽辛苦完成的人物传记《林肯外传》交给出版商希蒙公司时，希蒙公司的主编却拒绝出版这本书。后来一位朋友告诉他，是他的前妻罗丽塔从中作梗，主编才不同意出版他的书籍。

直到1934年，希蒙公司换了一个新的主编，卡耐基的书才得以出版。新主编里昂·西姆金在翻看旧档案时，发现自己公司曾拒绝出版卡耐基的书。看到卡耐基在社会上的巨大号召力，他认为不出版卡耐基的书完全是一个错误。

于是里昂找到卡耐基，他说："卡耐基先生，我是希蒙公司的新主编。翻看公司的记录时，发现您曾经想要让我们公司出版您的书籍，后来没有达成合作。那么，现在您还愿意在我们这里出版书籍吗？"

卡耐基回答："你们公司不是说我的书存在政治问题，不能出版吗？"

里昂解释说："相信您也知道，每个人对稿子的看法都有不同。我想可能是之前的主编对您存在偏见，才会做出那种决定，希望您能再给我们一次合作的机会。"

……

经过一段谈话，卡耐基被里昂的诚意打动了，他答应由希蒙公司出版自己的书。从此以后，卡耐基和里昂成了好朋友，两人一直在事业上相互帮助、相互扶持。

　　在新事业迅猛发展的同时，卡耐基也连续出版了好几本书，其中最著名的成人教育书籍《人性的弱点》，便是在这一时期完成的。这一本书深受读者的喜爱，发行以后，销量一直居高不下，而且随着书的畅销，参加卡耐基课程的人也越来越多了。

　　提起《人性的弱点》一书，它的创作过程还是一件很有趣的事呢。

　　在教学时，卡耐基经常忘记带记事本，结果在课堂上有很多重要的心得都不能及时记录下来。一次，卡耐基发现，很多学生上课时都会带一些明信片，所以他忘记带记事本时，就会借一些明信片，把心得记在明信片上。

　　有一年圣诞节，卡耐基想要给老师们寄一些贺卡，无意间看到了桌上的明信片，突发奇想，把这些奇特的"贺卡"寄给了老师们，希望他们能从中得到一点收获，这可能也是世界上最特殊的贺卡了。

　　后来，卡耐基准备写书的时候，发现自己以前记下的心得都分给了老师们，而他现在没有足够的资料去写书。于是，他写信告诉所有的老师，让他们把圣诞节的"贺卡"还给他，他要写书用，就这样明信片又全部回到了他的手中，经过加工和整理，就写成了卡耐基最畅销的书《人性的弱点》。

2. 人性的弱点

　　世界畅销书销量排行榜第一位的是《圣经》，而排名第二的就是《人性的弱点》。或许有些人不相信，但这是一个事实。其实，这并不是一个偶然，对社会上很多人来说，《人性的弱点》就是第二本圣经，帮助他们脱离苦难、创造新生。

1935年，美国失业人口达到了近一千万，这么多的失业人口，对社会和国家是非常大的负担。为此罗斯福总统颁布了一系列就业行政命令，来解决全国的失业问题。但这些行政命令也只能对一些企业有效，而人们心理和观念上的缺陷，则需要一位伟大的导师引导才行。这时，《人性的弱点》出版了，就像是天上闪亮的北斗星，为迷茫的人们指清了方向。

虽然在20世纪30年代中后期，美国的经济一直在复苏，但是还是有很多人在挨饿。为了解决现实的生活问题，人们纷纷来到卡耐基课堂上求助，同时越来越多的人注意到了《人性的弱点》这本书。

经过大家的传颂，《人性的弱点》成了帮助人们走出困境的新《圣经》。曾经有人对《人性的弱点》评价道："美国经济大萧条是一个可怕的年代，但同时我们也迎来了一件人生最好的礼物——《人性的弱点》。这本书不仅让很多人增强信心，度过了经济危机，而且彻底改变了读者的生活态度，让人们学会了追求梦想、追求成功。"正是由于这本书的巨大作用，它成为世界上销量第二的畅销书。

在创作这本书时，卡耐基始终保持着这样一种态度，不用教育人的口气来创作，而是用一种谈话的语气来接近读者，然后引导他们进入自己的思想世界。当然书的畅销还有一些别的因素，其中之一便是卡耐基那独具匠心的推销方式。

《人性的弱点》刚刚推出的时候，卡耐基为书设计了一个精巧的广告：当我仔细回想过去的经历时，惊讶地发现自己以前的思想竟是那么的匮乏。如果十年前我能买到一本这样的书，那么我的生活将比现在精彩很多倍。

就这么几句简单的广告词，似乎是一个成功者正在告诉读者：如果想要补充自己的思想，在以后过上更加美好的生活，那么现在就来买这本书吧！越早买这本书，给你带来的利益也就越大。

《人性的弱点》为成人教材创立了一个新的风格，一种极具教育意义又能帮助人们解决实际问题的书籍。在成人教材里，解决实际问题是由《人性的弱点》首次提出的，它为改革成人教育做出了巨大贡献。

几乎卡耐基著作的所有书籍，都与它的事业卡耐基课程联系了起来。而卡耐基创作《人性的弱点》这本书时，就是要把事业中最新的思想展现给人们：帮助读者们改变生活态度，进而改变他们的人生。书中从各个方面出发分析了人性，让人们在课程之外有一个参考。

所有人都渴望富裕、健康、快乐，而《人性的弱点》一书就是卡耐基经过对无数成功者的分析，总结出的人人都可以学到的成功技能：通过模仿与自己相似的成功者学会如何逐步走向成功。

书中卡耐基引用了大量的成功者的事迹、言论，其中包括石油大亨洛克菲勒、美国总统林肯、汽车老总亨利·福特等等，用这些名人们的事例，有力地证明了自己的观点。

在《人性的弱点》一书中，始终贯穿着这样一个主题：解决人生态度的问题要远比解决经济问题更重要。生活中的问题包括经济问题，往往都是由糟糕的心态引起的，一个总是带有悲观情绪的人，连金钱都会成为他的负担。

当然，除了解决心态问题以外，如何处理人际关系也是书中最关注的事情。为了让读者生活工作得更顺心，如何改善他们的人际关系，卡耐基提出了各种解决办法。在一次记者招待会上，他曾对《人性的弱点》做了进一步的阐释："怎样才能与周围的人相处好关系，是我们每个人都面临的问题。我在书中，分享了很多处理人际关系的方法，这些方法都是卡耐基课程的精髓。所以，我希望大家都能买一本回去做参考。"

在《人性的弱点》一书中，卡耐基还介绍了怎样去解决婚姻问题。虽然卡耐基的婚姻是失败的，但他通过对失败婚姻的亲身感受，以及对上千家成功婚姻的研究，为婚姻做了一个全面、深刻的总结。很多读者反馈，他对婚姻的指导也是富有成效的。

读者丽莎说，她以前经常和丈夫吵架，抱怨丈夫不能理解自己。她每天在家里做了那么多的家务，而丈夫回家以后还对她颐指气使。在看了《人性的弱点》以后，丽莎对婚姻的观念转变了，开始主动尝试着去理解丈夫，并把这本书也推荐给了丈夫。现在，他们非常恩爱，几乎再也不吵架了。

可以这样说，《人性的弱点》带领大部分美国人民走出了那段黑暗的经济危机年代。无数已经对生活完全丧失信心的美国人，从这本书里重新得到了力量，他们的做事方式和人生态度发生了翻天覆地的变化，最终迎来了新的幸福生活。

3. 扩大影响

由于《人性的弱点》在社会上造成了巨大的反响，美国政府准备让卡耐基对全国举行一场演讲会。由卡耐基在纽约电台直播，美国其他所有电台在全国同时转播。为了能够做好这场演讲会，卡耐基请出了自己的老朋友罗维尔·汤姆斯，两人再次合作，共同完成这一艰巨的任务。

得到卡耐基的邀请后，罗维尔马上从伦敦飞到纽约，来帮助朋友完成他的事业。见面后，两人激动地拥抱在了一起，罗维尔笑着说："以前都是你帮我完成事业，今天，我也终于能帮老朋友一把了。"

经过一个星期的紧张筹备，演讲会的准备工作终于结束，而美国政府早就为他们打点好一切，就等着演讲时刻的到来。

在电台演讲会举办的那天晚上，大部分的美国人都坐在收音机旁，收听这位成人教育学者和演讲大师的演讲。而卡耐基则在电台的播音室里尽情地发挥演讲才华，把他成功的创业经验和多年以来形成的人生态度，告诉在收音机旁专心聆听的每一个美国人。

卡耐基的精彩演讲，让所有人都沉迷其中。从卡耐基的身上，人们看清了自己，也看到了未来的希望。卡耐基的成功之道和他深邃的思想，让人们摆脱了困境，面带自信地开始了新的生活。

这一次电台演讲会，对当时的美国人来说意义重大，而对于卡耐基来说，也有着无比重要的意义。

首先，这次演讲会的成功召开让卡耐基获得了空前的盛誉，人们纷纷来到卡耐基课堂听讲，而且有越来越多的人购买《人性的弱点》，给他带来了大量的金钱收入。演讲会举办后，来订购卡耐基课程和书籍《人性的弱点》的信件从四面八方涌来，在三周多的时间里，卡耐基收到了近三十万封信。

其次，电台演讲会给卡耐基带来了一个启发：他决定让自己的事业走出课堂，在更大范围内，给更多人的生活带去希望和活力。这不仅让卡耐基的事业走向一个新的巅峰，也对美国、对世界都产生了巨大的影响。

1937年，卡耐基公司在《纽约时报》上刊登了一则广告，广告的标题是：学会卡耐基的谈话技巧，将会给你带来无尽的收益。这是卡耐基即将举行的一个演讲会，是卡耐基准备带着课程走出课堂的第一站。

这则广告里将演讲会和卡耐基做了简洁的介绍。在纽约切尔西旅馆，戴尔·卡耐基将为纽约民众举办一场免费的演讲会。卡耐基先生是一位拥有众多学位的学者，从大学毕业以后，他曾到很多学校进修，先后获得了法国教学法学士学位、英国皇家地理学会会员、美国人际关系学博士等。

同时，他也是超级畅销书《人性的弱点》的作者。除了《人性的弱点》以外，还没有别的教育书提出"限制不二论"学说，学说提倡人们想要获得平静的心态，不能仅仅提高自己的学识和能力，更应该以热忱和真诚强化自己的人格。在这一方面，卡耐基先生无疑为教育界打开了一扇新的心灵之窗。

广告还提到了一位特殊的人物，他既是英国著名的公众人物，也是卡耐基的好朋友，这个人就是罗维尔·汤姆斯。其中引用了一段罗维尔对卡耐基课程的评价："卡耐基课程是我见过的最出色的成人教育课程，课程从工作遇到问题的根本点入手，把公众演讲、人际关系、社会心理学和人的本性集为一体，让学习者产生脱胎换骨的变化，对生活、对未来充满希望和激情。"

卡耐基公司着重诉说了卡耐基课程的效用，保证能让参与者学会如何改善心情、与人交际以及增加收入。公司在做社会宣传时，发出了两本小册子：一本列出了通过卡耐基课程取得了重大成功的几百个人的变化，另一本则记载了卡耐基课程的所有内容，让人们对卡耐基课程有一个清晰的认识。

卡耐基演讲举行的当天晚上，演讲大厅里挤满了听众，大家都翘首企盼着卡耐基的到来，也期望着他给自己的生活带来一个崭新的变化。

演讲之前，卡耐基给每位听众发了一本手册——《金言录》，里面记录着课程所有的基本原则。《金言录》就像是《人性的弱点》一书的减缩版，是卡耐基思想的精华。有很多学员一直随身携带着这本小手册，闲暇时拿出来翻阅一遍。很多年后，有些学员的小手册都用坏了，他们就向卡耐基写信再要一册，作为自己的人生指明灯。

4. 措辞的艺术

周六晚上，卡耐基在切尔西旅馆举行了一场精彩的演讲，演讲的题目是：措辞得体的交谈。

在听众们热烈的掌声中，卡耐基走上了讲台。"亲爱的听众朋友们，大家晚上好！十分感谢大家一直以来对我的支持。"他对着台下鞠了一躬，"现在，让我来和大家分享一些自己谈话的心得。"全场很快安静下来，所有人都静心聆听这位教育大师的演讲。

"日本有一位著名的社会学家曾经做过总结，日常生活中人与人交流的目的，大概分为三种：意识宣泄、情感联络、求知欲望。

"第一种源自于意识，心里想的什么，通过谈话的方式告诉别人；第二种源于感情，在和别人交流的过程中，增进两人的情感；第三种源于渴望心理，因为想要认识某一事物，而向别人请教。今天我们来重点说说第三种交流技巧。

"向别人请教，就一定要发问，而问话是一门非常有学问的事。同样是一句问话，措辞稍有不同，效果完全不一样。例如，'垃圾桶在哪里？'和'哪里有垃圾桶？'这两句意思相同的问题，得到的回答却不一样。因为我们的说话方式不同，听起来也就不一样。"

说到这里，卡耐基拿出了一个小卡片，上面记载着一些重要事例。

"下面大家听一听这个例子，美国明星辛西娅·吉布是模特出身，所以非常讲究衣着。一次在她出席会议的时候，穿了一件艳丽的红色大衣。第二天，有些喜欢大衣的朋友问起了这件事，她们的问法各有不同：

"'辛西娅，昨天你穿了件什么款式的大衣啊？'这种问法比较自由。

"'是瘦腰的吗？'这种问法带有肯定性。

"'是窄肩不是宽肩？'这种问法带有强迫性。

"而辛西娅是怎么看待这些问话的呢？后来她对别人说，强迫式的问法最让她讨厌，而自由式的问法听着最舒心。那么，我们对别人问话时，应该采用哪种方法呢？我建议，如果你的问话可能给对方带来伤害，最好使用间接法。"

接下来，卡耐基又举了一个例子。

"大家都知道，想要了解别人的年龄，直接询问往往不是一个好主意。特别是对女士来说，直接询问年龄可能会被认为是一种侮辱。这时，我们就要使用间接法了。

"日本最伟大的推销员原一平在询问别人年龄的时候，常常会使用这种方法。他先问对方：'你感觉我现在有多大呀？'一般对方都会说出自己的估计，例如：'三十七八岁吧。'于是原一平回答说：'你猜对了，我今年三十七。'然后，他故意盯着对方看一会儿，把对方的年龄说得年轻一些，'你呢，我感觉四十一二岁的样子。'对方很高兴地回答说：'哪里，我都已经四十五了。'原一平先生抓住了间接法的精髓：对别人保持尊敬。"举完事例后，卡耐基进行了总结。之后，他开始详细介绍间接法的使用要点……

最后，卡耐基对和朋友交往做了一些总结。

"每个人交朋友，都有新旧、薄厚之分，很多新朋友都是经老朋友介绍认识的。面对这些新交的朋友，我们在应酬的时候就应该讲究一些方法。如果你是在一个老朋友的介绍下认识了一位新朋友，如果你要去拜访这位新朋友，就应该事先告诉自己的老朋友，最好是和老朋友一起会新朋友。这一点是绝对有必要的。"

"我有一位朋友因为不太注意这一点，结果再也没有人敢介绍朋友给他认识了。今天你介绍了一个朋友给他，如果有事，明天他就会直接找那位朋友。而新朋友对他又不熟悉，不知道该怎么应酬他，最后闹得大家都非常尴尬。对于这样的人，谁还敢介绍别人给他认识呢？"

听众纷纷鼓掌表示赞同卡耐基的看法，然后卡耐基接着说："所以我们都应该记着，当我们去拜访一位新朋友，特别是拜托他办一件事的时候。而新朋友是一位老朋友刚介绍给你认识的，那么一定要记得先把事情告诉老朋友，这样做是有百利而无一害的。一般情况下，老朋友还都会尽力帮助你，因为他想让你知道他介绍的人，是一个绝对值得交往的人。"

"最后，我再对大家说说拜访新朋友前，还要做哪些准备：首先，要了解对方的性格，因为是新朋友，大家相互不太了解。如果不小心的话，就会闹出一些尴尬的场面；其次，拜访前一定要事先准备好计划，不要临阵磨枪，展开毫无目的和主题的讲话；再次，会见的地点、时间等一定要征求对方的同意，不要全部擅自做主；最后，放心地带上你的老朋友，一起去拜访你的新朋友吧。"

卡耐基结束了这次演讲，所有的听众都站起来热烈地鼓掌。有位听众后来回忆说："能够听到如此精彩、简洁的演讲，我们真是不虚此行。"

5. 盛名之苦

随着卡耐基在美国的名声越来越大，他想要恢复以前简单的生活状态，已经是不可能了。特别是在著作《人性的弱点》面世以后，卡耐基成了很多人心中的偶像。而且在这些崇拜者们的谈论中，卡耐基的成功历程被赋予了戏剧性，甚至是神话色彩，他被传言成了一个伟人。

但我们都知道，伟人的生活是非常困难的，因为他们在别人眼中已经变得不再平凡，生活中的一切都会受到公众的热切关注。崇拜者们都会寄予他们非常高的期望值，所以他们的一言一行都要按照人们所期待的那样去做，做任何事都要小心谨慎，不可以有任何失误。

当然，"人非圣贤，孰能无过"，更何况他们只是获得了成功的一般人。如果他们一不小心产生了失误，做了一些有损于自己公众形象的事情，那么崇拜者们会因为他们的失误而感到失望和痛苦。这样，他们就有愧于自己的崇拜者了。此后，他们将会感到自责，再也不能生活得心安理得了。而且，对手们会紧紧地抓住他们的把柄不放，想尽一切办法来攻击他们，直到击垮为止。

　　另外，如果一个人出了名，那么就意味着他再也没有自由了。无论他出现在什么地方，只要被人们认出来是某位名人，那么所有人都会蜂拥而至。会有很多崇拜者要他的签名，要求与他合照，把他围得水泄不通。总之，在日常生活中，无论他做什么，只要以平常面目出现，都逃脱不了这种围追堵截。

　　还有，出名的人会接收到各式各样的人发来的请柬，邀请他出席活动。这些请柬会像雪花一样飞来，让他参加各种宴会、舞会、庆典等等。而且多数给他发请柬的人，都是一些社会名流，他根本不能拒绝。如果拒绝的话，就会得罪这些名流，那么一些心胸狭窄的人必然会报复他，给他带来各种各样的麻烦。但是，这种聚会邀请又多得数不胜数，显然想参加所有的聚会也是不可能的，这就是名人的烦恼。所以很多人出名以后，总想回到以前那种宁静、淡泊的生活之中。

　　其实，对很多名人来说，最麻烦的事就是面对各种记者。每天，都会有很多记者想方设法地"捉"到他们，然后开始没完没了地问一些刁钻古怪的问题，处心积虑地去窥探你的隐私。而一旦他做出回答，记者们会从回答中断章取义，甚至编出无中生有的事儿。例如，添油加醋地制造各种绯闻，让人啼笑皆非。而且各种报社都希望他们写稿，向大众介绍他们的成功秘诀，以及对人生的看法，对某些事件的评论等等。

　　这一切的烦恼，他们既惹不起又躲不掉，每天绞尽脑汁地去协调各方面的关系，千方百计地去应酬各种场合，像一场永远醒不了的噩梦。现在，卡耐基正经受着这种名人之苦。他每天被这些烦心事搞得筋疲力尽，根本没有时间来继续发展自己的事业了。

　　每天在课堂上，卡耐基依然是热情满满。但是，一旦走下课堂，他就变得寡言少语，和一位世界级的演讲大师看上去相差甚远。生活中的卡耐基，一直在尝试着避免引人注目。在参加宴会的时候，他总是坐在某个不起眼的角落，希望能避免众多热情的崇拜者。

而且，卡耐基也经常对自己的同事诉说自己的烦恼。哈罗德是专门处理卡耐基外交的经理，卡耐基曾经不止一次地对他说："哈罗德，我希望你以后尽量推脱掉那些宴会的邀请。以前，《人性的弱点》没有推出的时候，人们不会对我的公司感兴趣，也不会对我紧追不放。他们只是喜欢卡耐基课程，而我也仅仅是一位普通的成人教育课程讲师。每天的生活简单明了，既不用去应酬，也不用去逃避。

"但现在，《人性的弱点》出版了。因为这本书造成了奇迹般的销量，所以人们就希望我是'超乎寻常'的人物。然而，当这些崇拜者们遇见我，开始了解我以后，他们发觉我其实非常普通，就和他们隔壁的邻居没什么区别，而不是某个具有传奇色彩的人。然后，他们就会感到失望，而这，也让我非常尴尬。这也就是我要避免被陌生人邀请的原因。"

但即使哈罗德按照卡耐基的意思去办，仅仅回避邀请的方法根本不能让卡耐基恢复到从前的生活状态。所以在《人性的弱点》一书的畅销达到最高点的时候，劳累不已的卡耐基离开了美国。他想去欧洲休息一段，好让自己清静清静。

但是，卡耐基离开以后，他的公司出现了经营困难的局面。1939年，他只得再次回到美国，亲自管理自己的事业。

畅销书《人性的弱点》和卡耐基课程既给卡耐基带来了荣誉，也给他带来了烦恼。但不管怎么说，这一切情形都是对他事业的承认和赞扬。

6. 朋友的帮助

每个人的一生中，都会有一些志同道合的朋友。我们不能没有朋友，失去了朋友就等于心灵失去了依靠，朋友是我们的人生寄托。

卡耐基认为，朋友是他生命中最重要的组成部分，小时候他的家庭生活是痛苦的，结婚以后，第一位妻子给他带来了更大的痛苦，而唯有朋友，带给他所有的回忆都是温馨的。所以，卡耐基对友谊极为重视，同样，他也赢得了朋友们的尊重。除了罗维尔·汤姆斯外，卡耐基还有两位对他影响巨大的朋友。他们分别是赫蒙·克洛依、法兰克·贝格尔。

赫蒙和卡耐基是同乡，他也来自美国密苏里州的玛丽维尔镇，是一位作家。

虽然两个人都是从玛丽维尔来到纽约的，但是因为工作不同，他们之间几乎没有来往过。赫蒙来到纽约后，先是在《圣约瑟夫报》担任记者。没过多久，他就迷上了写作，于是改行做了巴特瑞克出版社的编辑助理。后来，通过自己的不断努力，他终于成了一位小有名气的作家。

有一次，卡耐基在洛杉矶做公众演讲时，刚好碰见了同在洛杉矶参加书展的赫蒙，两人到了一家酒店里喝酒聊天，之后他们就成了好朋友。回纽约后，两人经常会面，在一起交流经验。赫蒙在社交圈里十分活跃，他认识非常多的出版商，这为卡耐基出版书籍提供了很大的方便。后来，卡耐基在《人性的弱点》一书中，加上了一段感谢赫蒙的话："在此，我要把自己最真诚的谢意送给我的好朋友赫蒙·克洛依。"

虽然两人的生活态度不同，一个喜欢在人群里谈笑，一个喜欢独自静思，但这并没有妨碍他们之间的友谊。其实，两种不同生活态度的人成为好朋友，更加有利于他们成长，因为他们可以相互帮助和启发。

卡耐基与赫蒙都十分珍重他们的友谊，直到卡耐基去世，两人之间联系都没有中断过。

在与卡耐基结成挚友的人之中，有卡耐基的合作伙伴，当然也有卡耐基的学生。法兰克·贝格尔是卡耐基一位非常重要的朋友，而他就是卡耐基的一位学生。

法兰克的身世与卡耐基相似，也是从贫困的环境里长大的。在法兰克年幼的时候，父亲就去世了，母亲只有一点微薄的收入，连普通的生活都难以维持。为了解决家里的困难，法兰克从小就开始外出打工，小时候当报童，稍微长大之后便去干一些烧锅炉的重活来挣钱养家。后来听说销售挣钱，他又转而做了销售员，但因为没有学识，销售员的工作也渐渐地陷入了困境。

一次偶然的机会，他听说了卡耐基课程可以帮人解决困难，于是他来到了卡耐基课堂。没过多久，法兰克发现卡耐基课程的学习很有成效，他就逐渐成了卡耐基的热情支持者，在课堂上的表现也越来越优秀。这一切都引起了卡耐基的注意，他也开始特别关照这名优秀的学生，常常把他叫到自己家里聊天。

在谈话中，卡耐基了解了法兰克的穷苦出身和奋斗历程后，更加喜欢他了，因为卡耐基从他身上看到了自己的过去。而法兰克非常敬佩卡耐基的人生态度和为人处世的方法，他经常对卡耐基表示，自己想加入卡耐基事业。因为他感觉卡耐基课程让他的人生产生了重大转变，在他心中，这是一项比任何工作都有意义的事业。

一天，法兰克去卡耐基家里做客，卡耐基对他说："美国商业基金会答应我们，赞助我们开展全国巡演。法兰克，如果你想要加入我们的事业，这是一个好机会。这次巡演对我们来说意义重大，我希望能有更多的人伸出援助之手。"

这时，法兰克已经成为美国顶级销售人员了，但他还是一口答应了："好！我当然愿意。等我回去准备一下。"

之后他们开始了美国巡演，整个巡演顺利、成功地完成了。在美国各个州演讲时，一般演讲大厅里的听众都会爆满，有时很多人甚至没有座位，站着听卡耐基演讲。而每次演讲完，都有很多听众要求和法兰克交流，因为他的经历比卡耐基还神奇：一个没上过学的普通穷人，在学习过卡耐基课程后，从一无所有到成为百万富翁。

后来，法兰克出版了一本关于销售的书《我如何在行销中反败为胜》。在书中，他详细论述了自己是如何把卡耐基教导的知识运用到销售中去的。这本书可以说是对卡耐基课程的一个侧面宣传，美国顶级的销售人员的强烈推荐，说自己的一切都是从卡耐基课程里学到的，这对卡耐基课程起到一个很好的宣传作用。

据卡耐基说，这本书不仅帮他宣传了卡耐基课程，还教给了他很多营销策略，对他的整个事业都起到了很大的推动作用。

在一次记者招待会上，卡耐基说："没有了朋友，就不会有今天的卡耐基。"同时，他还引用了一句培根的话，来说明朋友的重要性：友谊的主要效用之一，就在于使人心中的愤懑抑郁得以宣泄、释放。对一个真正的朋友，你可以传达忧愁、欢悦、恐惧、希望、疑忌、谏净，以及任何压在你身上的事情。

7. 走向国际

长久以来，学习卡耐基课程的大多数是美国人，卡耐基课程只是在美国得到了普及，他的影响还没有扩展到其他国家。后来在一份订书单的影响下，卡耐基课程才逐渐走向世界。

一天，卡耐基收到了一份从古巴寄来的订书单。订书的人叫罗杰，是一名律师。但这位律师是一位在公共场合很害羞的人，非常害怕在公共场合演讲。但是作为一名律师，在公共场合发言又是必不可少的，无奈之下，罗杰开始寻求成人讲师的帮助，最后他选择了卡耐基。卡耐基不仅给他邮寄著作《人性的弱点》，还教给了他一系列演讲的方法。

而这位外国律师订购《人性的弱点》一书给了卡耐基深刻的启发：卡耐基课程不应该仅仅局限于美国人，它应该属于世界，帮助世界上所有人克服困难、取得成功。卡耐基课程能在全世界得到推广，最初的原因就是那份不起眼的订书单。

经过慎重地选择，卡耐基把事业走向世界的第一站选在了加拿大。因为加拿大与美国相邻，文化观念、行为习惯都与美国相似，而且加拿大国土面积大，有足够的市场前景。

卡耐基把公司里的员工召集起来，开展了一项进军加拿大的计划。他们准备一边召开演讲会，一边推销卡耐基出版的各种成人教育书籍，特别是《人性的弱点》。

准备工作完成以后，他们来到了加拿大最大的城市多伦多。首先在多伦多市中心的登打士广场，召开了一场盛大的演讲会，最主要目的是宣传和提倡成人教育，以及卡耐基课程会给人们带来哪些利益。

这次演讲会举办得非常成功，卡耐基先进行了一个精彩的开场白，吸引了听众的注意力。然后他向听众介绍了几位学习过卡耐基课程的著名加拿大人，让他们讲述自己是如何在卡耐基课程的影响下取得成功的。

第一位是名财务投资推销员。以前他对财务投资的理解非常透彻，但是因为不擅长演讲，在鼓励别人投资时一筹莫展。而参加过卡耐基课程以后，他找到了自信，学会了演讲，后来成了一名优秀的推销员。

第二位是名公司主管。以前他在工作中总是说错话，得罪了很多上司和同事，和公司其他人员的关系非常糟糕。这种情况下，他走进了卡耐基课堂，过了一个多月，他完全改变了，成了公司最受欢迎的人，很多同事都对他的改变惊诧不已。

……

利用这种受益者现身说法的演讲方式，激起了很多听众学习卡耐基课程的欲望。经过短短两个月的时间，卡耐基课程就在加拿大形成了一定的规模。卡耐基课程受到欢迎，自然也带动了卡耐基书籍的畅销。而在人们看过《人性的弱点》后，被卡耐基对事物的看法深深折服，他们又纷纷加入卡耐基课堂。卡耐基课堂和卡耐基书籍的相互推动，让卡耐基的事业在加拿大得以顺利发展。

这一趟加拿大之行，卡耐基收获颇丰。不仅为他把事业推向国际打下了信心，也让他找到了国外推广事业的一整套方法。在加拿大获得成功以后，卡耐基并没有停下来，他继续带着自己的事业走向了其他国家，卡耐基决定要把他的思想推广到整个世界。

在卡耐基课程推广的过程中，卡耐基还得到了很多意想不到的支持。在日本，很多公司都认为卡耐基课程在很大程度上提高了员工的工作能力，对公司的发展非常重要，所以这些公司都出钱让所有的员工参加卡耐基课程。在英国，政府鼓励所有的人都去参加卡耐基课程，还特别成立了一个资助委员会，补贴学院一半的学费……

几年以后，从英国皇室，到一些落后的原始部落；从赤道的印度尼西亚，到北极的丹麦，参加过卡耐基课程的学生高达几千万。这些学生来自社会的各个阶层，有工厂的员工、学校的教师、企业的老板、国际影星，甚至连一些国家领导人也参与了卡耐基的训练。

卡耐基课程在全世界的推广，带动了国际成人教育的发展。有很多国家把卡耐基的著作当作成人教育的基本教材来使用。

卡耐基的哲学体系以及他精彩的成人教育方式，以迅雷之势传播到了全世界。他的课程遍布了全世界上百个国家，全球开办的卡耐基教育机构，多达近两千家。

这些遍布世界的卡耐基成人教育，在各国政府的支持下，逐渐形成了成人教育潮流。每天都有数以百万计的人在学习卡耐基课程，并在课程的影响下，提高了生活质量。他们在日益增长的热忱和真诚中，找到了工作的激情，强化了交流能力，让自己的工作、社交和私人生活都得到了质的飞跃，成为一名成功和幸福的人。

第九章 爱人桃乐丝

1. 特别的情书

经过几年的努力，卡耐基课程已经成世界成人教育的主流。卡耐基在事业上取得的成就超出了自己的想象。然而，卡耐基一直没有再谈恋爱，上一次失败的婚姻给他留下了太多的阴影，所以他在选择对象时，总是慎之又慎。

1939年，爱神再一次降临到卡耐基的身上。那是极为平常的一天，卡耐基正在办公，突然收到了朋友波柏寄来的一封信。波柏是俄克拉荷马商学院的经营者，在参加卡耐基课程时，和卡耐基成了好朋友。在信中，波柏告诉卡耐基，希望他能来自己学院举行一场演讲，好对学院的孩子们介绍《人性的弱点》一书的阅读重点。

既然是朋友的热情邀请，卡耐基自然不会拒绝。他们两个商议好以后，定下了演讲的日期和地点。也就是在这一次演讲会上，卡耐基认识了一位美丽的姑娘，她的名字叫桃乐丝。

在演讲会那一天，桃乐丝向卡耐基提出了很多疑问，卡耐基精彩的回答让她欢欣不已。而卡耐基也对这个积极又热情的姑娘很有好感，两人相互留了联系方式。

自从他们认识以后，就一直保持着联络。两个人联络方式很特殊，虽然当时电话已经非常普遍了，但他们还是保持着通信的方式。据卡耐基说，他们都喜欢写信，因为写信有充裕的时间去思考，而经过深思熟虑的交流才更有意义。

在信中，桃乐丝经常向卡耐基倾诉自己在生活中遇到的种种麻烦和不快，而这正是卡耐基最擅长解决的问题。为了让桃乐丝能尽快摆脱烦恼，卡耐基给她回复了一封信：

"读完你的信，我已经对你的情况有了大致的了解。我根据以往的教学经验，给你说一些事例和观点供你参考，希望能对你有所帮助。

"其实，生活中的很多事情并不像想象中的那么糟糕，当我们面对一些更大的灾难时，再回头看这一切，发现它们其实根本就不值一提。

"我认识一位航海公司的总经理爱迪·雷克萨。几年前，雷克萨经历过一场海难，他和几个遇难的伙伴坐在救生艇里，在海洋上漂流了二十几天，最终被一条路过的渔船所救。我曾经问过他，在海上漂流的那些天，有没有什么体会。雷克萨当即回答：'那场灾难给我带来的最大体会是，只要在口渴的时候有水喝，在饥饿的时候有东西吃，我们就应该满足了。'听完他的话，我就震惊了。

"其实，每个人都应该反省一下，我们到底在烦恼些什么呢？仔细想想，你就会发现，日常自己的那些烦心事，都只是一些鸡毛蒜皮的小事儿。一个人一生的所作所为，绝大多数都是正确的，错误的只占了极少一部分。如果我们想要生活得幸福快乐，就要多关注自己做对了的事，这样我们才会变得更加乐观。

"英国著名学者罗根·毕加索说过，人生应该有两个目标：其一是得到想要的东西，其二是享受它，然而只有最聪明的人才能做到后者。现在生活中的一切，都是过去的我们所造就的结果。我们不应该排斥一切，而应该尝试着去接受它们，享受他们。

"亲爱的桃乐丝，不知道你有没有听说过《重见光明》一书。这本书是由一位几乎全盲的老妇人创作的，她的名字叫波吉德·达尔。《重见光明》是波吉德的自传，书中记录了身患残疾的她是如何坚强地面对生活的。她在书中写道：小时候，我得了一场大病。

这场病夺去了我的一只眼睛，而且另一只眼睛也严重受损。整只眼睛只能从外眼角的缝里稍微看到一点东西。每次找东西，我都只能歪着头，用那条缝一点点地往前看……

"但是，她一直拒绝别人的帮助，也不愿意被大家'特殊照顾'。在孩童时期，她和别的孩子玩跳格子的游戏，但是因为看不到线，每次玩之前，她都会先趴在地上记下标记，把所有的线都牢记于心，然后再和伙伴们一起玩。她的书也都是一些专门定制的书籍，用大字体印刷。看书的时候，她必须眼睛贴着纸逐行逐字地看书学习。就这样，她靠自己的努力和坚持，取得了硕士学位。

"亲爱的桃乐丝，从这些人身上，我们可以看到心态的重要性。所以，我们也要像他们一样，忘掉工作中的烦恼，用乐观的心态去享受生活，享受我们美丽的人生。"

这是一封很特别的情书，信中并没有使用那些充满爱意的字眼，而是用富有哲理和启发的故事去帮助和感染桃乐丝。读完卡耐基的信后，桃乐丝心情也变得开朗起来。而这封信不仅给桃乐丝带来了好心情，而且在后来卡耐基的一部新著作中收录了这封信，这让无数的读者大为受益。

2. 美满的家庭

随着两人越来越频繁的书信往来，卡耐基和桃乐丝的感情也日益增进。渐渐地他们建立了恋爱的关系，两人在不停地心得交流中，感情也变得更深厚了。

在桃乐丝的心中，卡耐基有着非常迷人的魅力，他深邃的思想、完美的逻辑、精辟的辩论都让桃乐丝佩服不已。她认为，卡耐基是她见过的最优秀的男人，是一个值得自己托付终身的人。

就这样经过三年的交往，卡耐基和桃乐丝成了一对甜蜜的恋人，他们在一起的时候，会谈天说地，聊心得、聊理想、聊未来。然而，因为工作的缘故，两人在一起的时间并不是太多。为了能够更方便见到恋人，也为了两个人的未来，卡耐基做了一个决定，让桃乐丝来纽约做他的秘书，加入卡耐基事业。

听了卡耐基的建议，桃乐丝马上就同意了。她以前也曾考虑过加入卡耐基课程，但因为怕卡耐基不同意，也怕自己不能够胜任职位而让卡耐基为难，所以一直没说。现在卡耐基主动邀请她，她也觉得自己对卡耐基课程有了足够的了解，就欣然答应了。

这样，桃乐丝来到了卡耐基公司，成了卡耐基的秘书。虽然现在两人每天都能见面，但是因为工作繁杂，他们很少有时间停下来谈情说爱。只有在一些重要的节假日里，他们才能一起出去逛逛商场，到公园里散散步。可繁重的工作并没有阻挡两个人恋情的发展，他们越走越近，终于到了谈婚论嫁的阶段。

有一天黄昏，卡耐基和桃乐丝在纽约河畔一条林荫小道上散步，两人有说有笑，享受着甜蜜的爱情。这时，卡耐基给桃乐丝讲了一个故事："圣经上说，以前世界上只有一种人。后来，为了繁衍后代，上帝把人分成了两个部分，一半是男人，一半是女人。上帝把这两种人都放在了世界上，让他们相互爱慕、结合，然后传宗接代。

"但是，因为各种诱惑的存在，并不是每个人都能找到自己最适合的另一半。有的人找了一辈子都没有找到，所以有人到死都没有结婚。而有的人找到了，但却并不是自己喜欢的，无论他们怎么努力，也不能很好地结合在一起，日子过得平淡无味。当然，也有人历尽磨难找到了自己的另一半，他们之间有爱情作为黏合剂，两人完美地结合在一起，他们的灵魂会慢慢地变成一个人，最终幸福美满地度过一生。

"亲爱的，我认为我已经找到了自己的另一半，她是那么完美，可以填补我的一切空虚和不足。桃乐丝，请你嫁给我吧！"说完，卡耐基拿着戒指单膝跪在了桃乐丝的面前。面对卡耐基如此浪漫的求婚，桃乐丝激动地点了点头，扶起卡耐基。经过4年的恋爱长跑，卡耐基和桃乐丝的恋爱终于有了结果。

1944年11月5日，卡耐基挽着桃乐丝的手，走进了婚姻的殿堂。这一天，也是卡耐基的著作《人性的弱点》出版八周年的纪念日。在婚礼开始之前，卡耐基对婚礼的策划者波柏说："波柏先生，请安排在婚礼中演奏《人们说我们相爱》这首曲子。到那时，我想自己会感动地流下泪来……"

而在婚礼中演奏这首曲子的时候，卡耐基比谁都高兴，他牵着桃乐丝的手，脸上都乐开了花。后来有位朋友提起这件事儿的时候，波柏笑着解释说："卡耐基先生当时已经完全被桃乐丝小姐迷住了，根本听不到外界的声音。所以别说一首曲子，就算外面狂风暴雨，他也感受不到。"

结婚以后，卡耐基和桃乐丝生活得非常幸福。几年以后，两人有了自己的孩子，是个女孩，名叫朵娜·戴尔·卡耐基。小朵娜出生的时候，卡耐基已经六十有余了。看着自己的女儿出世，卡耐基激动得热泪盈眶。波柏记得那天卡耐基在教堂里对自己说："恭喜我吧，老朋友。虽然我已经六十三岁，但是妻子还是给我生了一个孩子。"

小朵娜学会走路以后，卡耐基经常带着她到他们家附近的一个小水池旁散步。看着自己的女儿在水池边玩耍，卡耐基就会沉浸在幸福之中。有时候，桃乐丝也会和他一起，领着小朵娜到处玩，一家三口，其乐融融。

卡耐基晚年获得了美满的家庭，又有了孩子。他非常看重家庭带给他的幸福和快乐的生活，所以，他的重心，也渐渐地从工作上转移到了家庭。

3. 给太太的建议

卡耐基一生经历了两次婚姻，虽然卡耐基都是真心付出，但结果是截然相反。他细细地总结了一下自己婚姻生活的正反两方面的经验，向人们提供了许多有益于婚姻生活的建议。

生活中，总有很多妻子想做丈夫的工作顾问，尽管大多数的计策都是在帮倒忙，但她们一直乐此不疲。在这些妻子心中，自己给丈夫出的主意多少会起点作用，然而，事实并非如此。妻子用错误的方式影响丈夫，把自己当作丈夫事业的助手，这常常会间接地扼杀了丈夫的成功，产生的后果是非常严重的。

在一个晚宴里，卡耐基曾经和一家公司的人事部经理坐在一起，谈论有关妻子方面的事。卡耐基问："想要丈夫获得成功，妻子最应该做些什么？"经理回答："我认为，有两件事非常重要。第一，用心爱自己的丈夫；第二，让他放开手脚去经营自己的事业。这样的话，丈夫回家能感受到家庭的温馨，在外又能够安心工作，那么他一定能够发挥出所有才能。聪明的妻子都会做好这两点，而她们的丈夫也都事业有成。"卡耐基点了点头，并示意他继续说。

"其中，最重要的是第二点，别介入自己丈夫的工作。这一点很多妻子不是做不到，而是根本不愿意这么做。妻子常常会严厉地干扰丈夫的工作，她们有的喜欢给丈夫提意见，有的去想方设法反对丈夫的对手，有的则是常常抱怨丈夫的薪水低，不对家庭和自己负责。"说到这里，卡耐基深有感触，他的第一任妻子罗丽塔，就是一个常常抱怨的人，而他们也因此走上了离婚的道路。

看到卡耐基在沉思，经理知道自己一定是说到他的心坎上了，便继续说下去："特别是有很多刚结婚的妻子，她们总是幻想着帮助丈夫升职，不停地给丈夫出谋划策，好让丈夫知道自己有多么优秀。于是，丈夫原本的工作节奏被妻子的种种建议打乱了，他不仅要忙着做好公司里的工作，还要穷于应付妻子。这还不算，有的妻子甚至彻底加入到丈夫的工作中去，尝试着和丈夫的同事培养友谊。但这一切根本达不到她们想要的结果，反而常常让自己的丈夫丢掉工作，而不是升职。"

"你说的这种情况我见过。"卡耐基说，"有一次，我们给公司的某个部门请来了一位经理。这个经理非常聪明，又很有经验，工作一直做得非常好。可奇怪的是，自从他结婚以后，一切都变了。他的妻子很喜欢干预他的工作，有时候，妻子会和他一起来到办公室，发现有不合乎自己想象的地方，妻子就着手更改。慢慢地，整个办公室的工作氛围都被打乱了，甚至有人开始辞职。最后，公司里开了会议，把这个经理辞掉了。

"经理辛辛苦苦在公司里工作了几年，因为妻子的搅和，竟然被辞职了。太过分了吧？看上去确实残酷，但如果不把他辞掉，过一段时间，他自己也会辞职的。因为在妻子的干扰下，他已经完全不能胜任那份工作了。

"所以，我们都应该记住。妻子尽量不要干预丈夫的工作，即使出发点是好的，结果也一定会很糟糕。可能有些妻子认为自己很聪明，很了解自己的丈夫和工作，但男女之间的做法和思想差别很大，女人这么做行，但不代表丈夫这么做也行。不干扰丈夫工作，才是一个妻子最明智的做法。

"想要帮助丈夫获得事业上的成功，妻子最大的帮助就是给予心理上的支持。而把这种支持表达出来的方法，就是在一些小事上做贴心的帮助。进一步说，她能帮她的丈夫哪一种忙，这要看丈夫的工作类型而定。也许丈夫需要妻子帮他做点文书工作，也许是接电话，或是帮他开车等等，这些工作不会打乱他的工作节奏，而是能减轻他的负担，让他有更多的精力投入到工作中。妻子帮助丈夫做这种工作才是最有价值的。当然，如果妻子希望帮助你的丈夫，却不知如何下手时，那就请自己的丈夫出个主意。

"很显然的，如果一个妻子有家务事要做，需要每天照顾几个孩子，而家里又没有佣人。那么帮助丈夫的事，就要看自己有没有闲心了。如果妻子能把这些家事都做好，又有效率地帮助自己的先生，那么她就是一位聪明的妻子。"

4. 妻子的事业

卡耐基的妻子桃乐丝就是一位聪明的妻子，结婚以后，她不仅全心全意地爱着卡耐基，而且时刻都会给卡耐基提供一些贴心的帮助。因为常常帮助卡耐基，桃乐丝深受卡耐基课程的影响，后来她甚至还开设了类似的课程。

在卡耐基心中，能够娶到桃乐丝这样的妻子，是一件非常幸福的事。桃乐丝既温柔体贴又独具新意，还常常给卡耐基打气，帮助卡耐基渡过了很多难关。而卡耐基的事业就是教育人的事业，桃乐丝难免深受影响。但无论如何，她都只愿站在卡耐基的身后，默默地支持卡耐基扩展事业。

有一次，卡耐基带着妻子和孩子到加拿大度假，到了晚上，桃乐丝对卡耐基说，她很想跳舞，希望卡耐基能陪她一起去舞厅。然而，跑了一天的卡耐基非常劳累，哪儿都不想去，只想快点躺在床上睡觉。

看着精神满满的妻子，卡耐基觉得应该给她找个事做，省得她因为无所事事而产生烦闷。卡耐基对桃乐丝说："你要是闲得无聊，就编写一些教育妇女的课程吧。"桃乐丝欣然应允。

这一无意间的想法竟然促成了桃乐丝的事业，当天晚上，桃乐丝写了一夜的教程。第二天，她告诉卡耐基，自己想专门开设一门教育妇女的课程。于是，在卡耐基的支持下，桃乐丝开办了一个新的课程，用来教育妇女如何自我发展。

这个课程不仅是教育妇女如何产生更大的魅力，而且也试着鼓励妇女扩大自己的心态和心智水平，尝试着去看开和接受一些即将面临的难题。其中一点，就是教育她们正确看待年龄的老化。对于妇女来说，什么事情都比不上岁月的摧残可怕，特别是过了三十岁以后。所以，针对妇女的教程，首先是要解决她们这一心结。而且现在的社会，越来越注重男女平等，享有权利的同时，也得承担越来越多的责任，妇女自身各方面素质的提高都是非常必要的。

桃乐丝开创这个事业并没有赚到钱，但桃乐丝一点儿也不沮丧，她很欣慰自己能通过这项事业教会了很多妇女怎样面对困难，而且她也因此交了很多好朋友。更重要的一点是，这项事业促使桃乐丝写了自己的第一本著作，书名叫作《如何帮助你的丈夫成功》。

在这本书里，桃乐丝把妇女教育课程中的精华进行了详细的归纳和整理。这期间，自然也少不了卡耐基的帮助，卡耐基给她提供了很多优秀的例子，其中包括课程参与者本身的一些事例，以及卡耐基精心挑选的各种名人事例。

而且，因为长久地受卡耐基的影响，桃乐丝的很多想法都借鉴自卡耐基课程，她所设立的妇女教育课程也强调了热忱的重要性。桃乐丝告诉学习者，无论是男人还是女人，热忱都是成功人士的必备品质。为此，桃乐丝和丈夫一样，都引用了一句爱默生的话："没有热忱，也就没有激情，抱着应付的心理去做事，那必然做不成大事。"

写关于热忱这一段的时候，卡耐基给桃乐丝提供了很大的帮助。在如何引导人们产生热忱这一方面，谁也没有卡耐基经验丰富，因为成人教育里是他首先提出热忱这一理论的。而且，热忱一直是卡耐基课程最主要的教育手段。

当卡耐基得知妻子要写热忱时，他从自己过去的教学材料中，帮妻子挑选出几个最经典的例子。有弗兰克·本科曼的事例：想要变得热忱，首先你得学会装作热忱。有爱德华·萨博兹的准则：有时候，热忱的重要性要远高于专业技术，即使对于科学人员来说，只有技术没有热忱也做不出什么成果。

在写作方面，特别是书的整体结构上，桃乐丝也不需要费尽脑汁地进行原创。因为在卡耐基那里，有着数不尽的优秀样板。桃乐丝模仿卡耐基的写作手法，在每一章节的开始，都给读者提供简短的格言；在引述学员事例的时候，她征求学员的同意，把学员的详细住址留下，这些技巧大大增加了情节的逼真程度。

有了丈夫的支持和帮助，桃乐丝的著作进展得很顺利。

《如何帮助你的丈夫成功》一书出版时，美国《时代周刊》杂志预测，这本书一定会成为畅销书。它有可能像当年卡耐基的著作一样，开辟出一个新的教育体系。

然而，这一次，《时代周刊》预测错误了。虽然卡耐基全力为妻子的著作宣传，但这本书还是没有成为畅销书，更没有开辟出一个教育体系，最后，桃乐丝的书作为基本稿被收录在著名杂志《更美好的家园》里。

尽管第一本书并没有引起轰动，甚至可以说是有些失败，但桃乐丝却坚定地在写作这条道路上走了下去。她希望通过写作把自己的思想和观念告诉读者，以便他们能够从中获取一点儿灵感，找到一条属于自己的成功之路。

5. 新的作品

1945年，在自己妻子的事业日渐衰落的时候，卡耐基以夫妻的名义创立了一个私人公司，公司融合了卡耐基课程和妇女教育课程的大多数内容，由卡耐基担任总经理，妻子担任副总经理。

为了公司的发展，卡耐基决定把所有的家产都投资到这个公司上。桃乐丝非常赞同，她和丈夫在财富上的观点一样。要想拥有财富，就一定要勤奋工作，以及自我约束的控制力。有很多人喜欢住豪华别墅，开高级跑车，虽然他们很有钱，但他们不懂得运用这些钱，把财富都浪费在了奢侈的消费中。

桃乐丝说："聪明的有钱人在住房、汽车等一般生活消费上，都不会过多地花费钱财，因为单纯的消费，只会减少他们的财富，降低他们的价值。如果用20万美元能买到一栋漂亮的别墅，为什么要花100万呢？多出来的钱，完全可以用在自己需要的地方。而且，对于大多数公司来说，资金都是比较缺乏的，把多余的资金投到公司里，再合适不过了。"

在管理新公司的同时，卡耐基一直进行着课程写作。

六十岁那年，卡耐基新书《克服烦恼建立新生活的艺术》出版，很快就成为当年最畅销的成人教育书籍，销售量高达500万册。但与之前的畅销书《人性的弱点》相比，却是黯然失色。纽约《经济时报》甚至评价它："卡耐基先生的新著作，似乎已经陷入了一种公式之中，告诫加上案例分析，毫无新意，相信没多少读者会欣赏它。"

然而，《时代周刊》却很看好它："卡耐基先生的新书，沿袭了《人性的弱点》颇为奏效的方法。它所引起的轰动和畅销，可能会让那些刻板的出版商大吃一惊。"

事实上，卡耐基的新书虽然不能与辉煌时期相比，但总体来说还是非常成功的。书中详细分析着各种事例，以展现不同的人克服烦恼的方法。

阿比盖尔原本相信除了眼睛失明外，他能面对生活中的任何一件事。然而不幸的是，他在五十多岁的时候，竟然失明了。但很快他就发现，自己能接受和面对这个事实。欧利·法德尔是一名家庭主妇，在丈夫生病、生活陷入困境的时候，她竟然开辟了一个新的事业。为了维持家庭，她先是做糖果卖给儿童。因为做得很用心，糖果很受孩子们的喜欢，第一个月，她赚得几千美金的利润，之后生意越做越大……

卡耐基出版这本书的时候，并没有想着要赚钱。其实，这更像是他对自己做的一个阶段性总结，把最近的一些心得和优秀事例进行一个回顾。这本书出版后没多久，卡耐基便带着夫人桃乐丝进行了一场新的巡回演讲，演讲在美国及加拿大的几十个城市展开。

这时的卡耐基已经对生活有了一个新的看法，在演讲的过程中，卡耐基不止一次地提到这个故事："我有一个居住在伦敦的朋友，他有个调皮的儿子，每天到处惹事，而他邻居的孩子则是非常懂事，常常受到校方的嘉奖；朋友的儿子成绩很差，邻居的孩子每次考试都是班级第一。每次开家长会，朋友都大觉丢脸，他常常训斥儿子：'你与人家一样大，看看他再看看你，一副没出息的样子！'

"儿子经常挨骂，早就习以为常了。可有一天，儿子实在觉得朋友太啰唆了，等朋友训完，儿子竟然反驳说：'你和我们的州长不是一样大吗，人家是州长，而你不还只是一个普通的员工'这句话，让朋友愣了半天。

"后来朋友静下心来仔细地想了一想，觉得儿子的话确实有道理。他一直要求儿子像别的孩子那样，可自己一样比不过那些优秀的人。

"再细细地想，很多时候我们都是自己难为自己，弄得身心疲惫。其实，我们每个人都是特殊的，别人有的，可能你没有；同样，你有的，别人可能也没有。他的儿子虽然学习成绩不好，但他每天都过得很快乐，这不也挺好吗？所以还是轻松些，细细体会现在生活的美好。我们只要在自己的人生道路上认真地走下去，烦恼自然也就消失无踪了。"

在巡回演讲的过程中，年过六十的卡耐基渐渐感到身体有些不支了。整个巡回演讲草草结束后，卡耐基马上回家休息。

6. 文化宝藏

回去以后，卡耐基的健康状况逐渐恶化，不仅开始行动不便，而且记忆力也大大减退。但即使如此，卡耐基还是坚持给年轻人上课。有时候，他会突然忘记要讲的内容，为了能够让课程正常进行，他不得不带上一些纸条来提醒自己。

虽然身体越来越差，但卡耐基生活得很幸福。因为身边有一个深爱着自己的妻子和可爱的孩子，每天都陪着自己，即使是生病住院，那也是非常开心。

晚年的卡耐基也非常喜欢去会朋友。卡耐基一生交了很多朋友，而且他认为，自己的事业能够取得成功，关键就在于朋友的帮助，特别是汤姆斯。自从和汤姆斯认识了以后，卡耐基的背后就一直多了一个人的支持，所以，卡耐基才能在成人教育的事业上走这么远。

卡耐基在生病的时候，汤姆斯经常来看他，两个老朋友有时一聊就是一天。无论是对汤姆斯还是对卡耐基来说，他们都成了对方最真挚的友人。

1955年夏天，卡耐基受到母校瓦伦斯堡州立师范学院的邀请，回去为一批即将毕业的新生做演讲。虽然当时卡耐基已经病重，他还是欣然应允。能够为自己的母校做一点事儿，卡耐基义不容辞。

在去学校演讲前，卡耐基进行了详细的准备，一是他认为只有做了准备的演说者，才能具有绝对的信心，二是他的记忆力和发散性思维大不如从前，需要把即将演讲的内容详细整理一下。在妻子的帮助下，卡耐基做好了一份演讲稿。然而，很快卡耐基发现，无论他怎样努力，离开稿子他都不能把演讲内容记下来。

在过去几十年的时间里，卡耐基教给无数的学生说，演讲一定要说出自己的肺腑之言，绝对不能拿着稿子进行演讲，那会让演讲者缺少真诚，演讲便不能打动人了。现在，难道他不得不拿着稿子去演讲吗？

那一天，瓦伦斯堡州立师范学院的所有学生，在台下翘首期盼着演讲大师卡耐基的来临。卡耐基坐在后台思前想后，最终毅然决然地放下了稿子，信步走上了演讲台。来到台上，卡耐基看着热心的听众，开始了演讲。这一刻，卡耐基似乎恢复了年轻时的状态，他的思想迸发出了新的火花，他的演说挥洒自如，台下所有的人都被他给深深吸引了。

演讲中，卡耐基告诫孩子们一定要认识到热忱的重要性，拥有热忱的人，才会在通往成功的道路上一帆风顺。演讲的最后，卡耐基回忆起自己在大学时期，学习拉丁语所面临的困难。他说："当初我不喜欢学习拉丁语，但因为需要，却不得不逼自己学习。然而，尽管我努力了很久，我还是没有学会拉丁语。现在，我已经差不多快把它全忘完了。事实上，学习并不是我们的目的，我们应通过学习找到自己将来要做个什么样的人。"

演讲结束，台下掌声雷动，演讲大师再一次用自己的魅力，征服了所有的听众。可谁也想不到，这竟是卡耐基的最后一次演讲。

1955年10月底，卡耐基的病情再度恶化，被送进医院抢救。11月1日，卡耐基握着女儿和妻子的手，永远地离开了人世。卡耐基的一生，经历了几次大起大落，从身无分文的穷小子变成了千万富翁。卡耐基曾经为学员们举过无数名人的例子，而他本人又何尝不是一个成功的典范呢？他的人生历程，给无数人带来了激励和感动。

卡耐基虽然离去了，但他的思想还在延续，他为人们留下了一个巨大的文化宝藏。在卡耐基课程的影响下，世界成人教育得到了进一步地发展和推广。很多生活在烦恼和忧愁中的人，受到卡耐基课程的启发和教育，恢复了对生活的激情，开始向着更加美好的明天去奋斗。

正如美国总统约翰·肯尼迪所说："卡耐基先生开创出来的个人成功学，已经成为这个时代所有人迈向成功的阶梯。在他的传播和教导下，无数人明白了积极生活的真意，也因此改变了他们的命运。卡耐基先生给我们留下来的，不仅仅是几本书和一个教育机构，他真正的价值是把成功的技巧传授给了每一个渴望成功的人。"

附录

戴尔·卡耐基生平

1888年11月24日，戴尔·卡耐基诞生于密苏里州玛丽维尔。父亲经营一个小小的农场，家里非常穷。16岁时，卡耐基不得不在自家的农场里干活。

1904年，卡耐基高中毕业后就读于密苏里州瓦伦斯堡州立师范学院。他发现，学院演讲赛非常吸引人，他立志要在演讲赛上拿一个名次。但他没有演讲的天赋，参加了12次比赛，屡战屡败。1906年，卡耐基一篇以"童年的记忆"为题的演讲，终于获得了学院演讲的第一名。这次获胜，对他的一生产生了非同小可的影响。

1908年毕业后，卡耐基来到丹佛市，受雇做了一名推销员。这个推销工作他做得很成功，但他不是很喜欢。1911年，他前往纽约美国戏剧艺术学院学习演戏。一年以后，他感到自己并不具备成为演戏天才的资质，于是又回到推销行业里。

1912年，在一位老人的提醒下，卡耐基彻底放弃了推销生涯，来到青年会夜校教书。从此，他开始了为之奋斗一生的成人教育事业。他一边教书一边写教育著作，一年后，出版了《公众的演说艺术》一书，随之，卡耐基的名字被人们熟知。

1915年，被青年会辞退后，卡耐基自己开办了成人教育课程，也就是卡耐基课程的前身。1917年，美国参加第一次世界大战，热血的卡耐基暂时放弃了教育事业，也参与了战争。

战争结束后，他又重新开办卡耐基课程，但事业进行得很不顺利，雪上加霜的是，来自婚姻的烦扰不断，直到1937年，卡耐基课程才再次迎来了春天。1939年，卡耐基整理了几年来自己的教育资料，出版了销量仅次于《圣经》的著名书籍《人性的弱点》。

1940年，受到一位古巴读者的启发，卡耐基开始向全球推广卡耐基课程。卡耐基课程在全世界的推广带动了国际成人教育的发展。有很多国家把卡耐基的著作当作成人教育的基本教材来使用。

1944年，卡耐基与桃乐丝结婚，几年之后，生下了一个可爱的女儿。卡耐基与桃乐丝一起开了一家私人公司，这也成了妻子桃乐丝的终身事业，而卡耐基的身体每况愈下。1955年，卡耐基受邀去母校演讲，回家以后，病情再次恶化，11月1日，在医院病逝。

戴尔·卡耐基年表

1888年11月24日，出生于美国密苏里州玛丽维尔。

1904年，考上了密苏里州瓦伦斯堡州立师范学院。

1906年，以"童年的回忆"为题，获得了学院演讲第一名。

1908年，毕业成为推销员。

1911年，学习戏剧。

1912年，进入青年会夜校，成为讲师。

1913年6月，出版第一本书《公众演说的艺术》。

1915年，开办成人教育课程。

1917年，参加了第一次世界大战。

1922年8月，与第一任妻子罗丽塔结婚。

1929年，与罗丽塔离婚，开始重新投入事业。

1936年，出版著名作品《人性的弱点》。

1937年，事业再次进入高峰，引来众多诘难者的攻击。

1940年，卡耐基课程走向国际化。

1944年11月5日，与第二任妻子桃乐丝结婚。

1951年，女儿朵娜·戴尔·卡耐基出生。

1955年11月1日，因心肌梗塞去世。